MOON BOOTS & MIKADOS

ISBN : 978-2-9585783-1-2

1re édition 2023

Impression : Amazon KDP

Clara Renard

MOON BOOTS & MIKADOS

Quand la vie en fait voir de toutes les couleurs...

À Victor & Émilien,
pour qu'ils profitent toujours
des jolies couleurs de la Vie...

AVERTISSEMENT

Les événements qui vont suivre auraient pu avoir lieu, si :

L'Europe avait été balayée par une violente tempête de neige le 26 décembre 2021.

La guerre en Ukraine avait débuté trois mois plus tôt.

Il y avait encore eu des Juifs en Alsace en 1943.

L'épidémie de Covid-19 en France s'était répandue six mois plus tard.

Le mouvement des Gilets Jaunes avait débuté deux ans plus tard.

La Reine de Norvège (que les sujets norvégiens me pardonnent) avait trépassé le 26/12/2021, précédée de quelques mois par Sa Majesté Elizabeth II d'Angleterre.

Si et surtout si…

PROLOGUE

« J'connais pas ta maison
Ni ta ville, ni ton nom
Pauvre, riche ou bâtard
Blanc, tout noir ou bizarre »
— *Famille,* Jean-Jacques Goldman

26/12/2021

Depuis une heure, il neige dru. À gros flocons et sans interruption. L'Autoroute Blanche qui relie l'Ain à la Haute-Savoie, n'a jamais si bien porté son nom. Les va-et-vient des essuie-glaces ne suffisent plus à dégager le pare-brise. La visibilité se réduit ostensiblement. Ce blanc à perte de vue me ferait presque suffoquer. Moi qui aime tant les couleurs. Leur ai consacré ma vie.

Ce matin, quand j'ai piqué la voiture de la directrice, j'étais loin de penser qu'il y aurait une tempête. Ça m'a pris comme une envie de pisser. Comme si le tapis neigeux prolongeant à l'extérieur la blancheur de mon environnement m'invitait à quitter mes quatre murs. Besoin de voir si l'herbe est plus verte ailleurs. Si je serais plus heureux.

La température n'a cessé de baisser depuis mon départ. Elle est à présent largement négative. À tout moment les véhicules menacent de quitter leur voie, pour des dérapages incontrôlés. L'épisode neigeux, annoncé comme une averse, a trompé les météorologues pour devenir une tempête ! Les rafales de vent sont si puissantes qu'elles déportent les voitures, les faisant dangereusement flirter avec la barrière, dite de sécurité. Qui devient un obstacle à éviter au prix d'un coup de volant précis. Et menace de propulser le véhicule sur la glissière d'en face. Ce nom me paraît particulièrement mal à propos en ce moment où les automobilistes évitent à tout prix de glisser. Ça me rappelle les auto-tamponneuses multicolores des fêtes foraines de mon enfance. La direction était si maniable qu'une pichenette sur le volant permettait un cent quatre-vingts degrés. Au risque de percuter une autre voiture. Ça nous faisait rire et c'était le but recherché. Alors qu'aujourd'hui, il faut absolument éviter un choc. Le temps a passé ! Il suffit de voir mes mains aux veines saillantes, parsemées de taches brunâtres, accrochées au volant pour le tenir fermement.

Sur le bas-côté, des congères se sont formées. Les panneaux lumineux encouragent à s'arrêter les automobilistes téméraires qui poursuivent leur route dans l'espoir de meilleures conditions. Avec la conviction que chaque kilomètre parcouru rapproche un peu plus de l'arrivée. Sur la fréquence 107.7 de l'autoradio, les flashs d'information se succèdent toutes les trois minutes. Chaque fois plus alarmistes. Météo France vient de placer le département en vigilance orange neige et verglas. Compte tenu des sols gelés et des températures négatives, la neige va tenir… sans blague !

— Surtout, ne quittez pas vos véhicules ! répète en boucle le journaliste d'une voix sinistre.

Une camionnette embourbée sur la bande d'arrêt d'urgence rappelle — si c'était nécessaire — que le danger existe réellement. Les passagers ne doivent pas écouter la bonne fréquence, car ils sont sortis de la voiture et font d'incompréhensibles gestes du bras. Peut-être essayent-ils de se téléporter sous d'autres cieux plus cléments ? Plus loin, un mini carambolage sans gravité entre trois véhicules qui ne conservaient pas leurs distances de sécurité. La neige atténue les bruits, si bien que quand je dépasse les conducteurs remplissant les constats, je croirais à un échange courtois, dépourvu de toute tension.

Soudain, des techniciens de la Direction Départementale de l'Équipement, emmitouflés dans des parkas orange, percent le rideau cotonneux grâce aux faisceaux de leurs lampes torches. Ce sont les premières couleurs que je vois dans ce décor monochrome. Quelle beauté !

Avec d'explicites moulinets du bras, ils dirigent les conducteurs vers la voie de sortie. L'autoroute ferme. Impossible de poursuivre le trajet. Au même moment, le présentateur d'Autoroute Info annonce au journal de 13 heures que l'A40 ferme dans les deux sens de circulation. Parfaite synchronisation : j'ai l'image et le son !

Après avoir laissé passer quelques sorties, je dois me résoudre à suivre le cortège de véhicules, tous feux de détresse clignotant. En file indienne, les voitures patinent lentement dans de grandes gerbes blanches. Ce serait joli, si ce n'était pas si angoissant ! Un courageux camarade de galère, parti à pied aux nouvelles, revient dire que les pompiers ont commencé l'évacuation des voitures, cinq ou six cents mètres plus haut. Quand j'arrive à leur hauteur, du rouge s'infiltre dans le paysage.

Plus loin, sortant de camions aux gyrophares éblouissants, des volontaires de la sécurité civile, à l'air frigorifié, distribuent boissons chaudes et couvertures de survie. Je serais tenté de leur dire que charité bien ordonnée commence par soi-même ! D'autres se déplacent avec peine sur des véhicules bizarres — on dirait des motos à quatre roues — pour remonter la file de voitures. Ils ne savent pas répondre aux questions qui leur sont posées en boucle :

— On va où ?

— Quand est-ce qu'on pourra repartir ?

Et même :

— Il y aura du Wifi ?

Comme une litanie apprise par cœur, ils répètent avec bienveillance, d'un ton se voulant rassurant :

— Surtout, n'éteignez pas votre moteur !

— Vous voulez un café ?

— Courage, vous allez bientôt être pris en charge !

Le temps a changé d'échelle. Les minutes s'égrènent au rythme des heures. Les kilomètres, qui défilent habituellement sur le compteur, se transforment en mètres parcourus. Un chasse-neige est arrêté. L'épaisse couche de neige glacée a eu raison de son étrave.

À force de patience et de déplacement à un rythme de fourmi, on voit une agglomération se dessiner au loin. Les barrières du péage sont remontées. L'autoroute s'évacue au compte-gouttes. Certains, contraints de laisser sur place leurs voitures enlisées, les franchissent à pied. Ils lèveraient les bras au ciel qu'on les prendrait pour des marathoniens exténués, passant la ligne d'arrivée au terme de 42 km. Et 195 mètres. Il paraît que ce sont les plus durs.

Les pompiers ont installé leur poste de commandement à la gare du péage. Les bandes réfléchissantes de leurs parkas apparaissent comme un phare dans la nuit. Ils dénombrent les passagers dans chaque voiture avant de les orienter. Le journaliste de la radio m'apprend que nous sommes dirigés vers divers lieux d'accueil, réquisitionnés par la Préfecture : gymnases, salles des fêtes, collèges et même mairies.

Guidée par un tracteur, la partie du convoi dont je fais partie s'ébranle dans une direction inconnue. Dans mon rétroviseur, je vois de nombreux autres véhicules poursuivre leur route.

La blancheur immaculée associée au long cortège ferait penser à un jour de noces si les traits des automobilistes n'étaient pas si crispés. Les klaxons retentissants n'expriment pas la joie des invités ; ils avertissent d'un risque omniprésent.

Un petit bâtiment gris se dessine vaguement. Il est éclairé de l'intérieur. Je plisse les yeux pour tenter de le distinguer. On m'invite à me garer. Quittant mon véhicule, je me dirige avec mes compagnons d'infortune vers un comité d'accueil. Leurs chaleureux sourires contrastent avec la température glaciale et l'ambiance morose.

Le maire du village, écharpe tricolore sur le ventre, vient à notre rencontre. Avec un air avenant et une poignée de main de réconfort pour chacun, il nous oriente vers la salle des fêtes.

Aux côtés de l'édile et des habitants mobilisés, quatre personnes portant des dossards fluorescents distribuent des paires de Moon Boots de toutes les tailles et de toutes les couleurs. Ces bottes montantes et chaudement fourrées ont été inspirées par l'alunissage de la mission Apollo 11. Elles me ramènent instantanément cinquante-deux ans en arrière. Je venais de fêter mes vingt-trois ans. En juillet 1969. Juste avant quatre heures du matin en France. Comme un être humain sur quatre, je regardais l'événement en direct sur la télévision en noir et blanc de mes parents. L'Homme marchait sur la Lune. Puis y plantait un drapeau américain. L'émotion ressentie me revient en même temps que j'enfile ces bottes d'un autre temps. L'impression de tous les possibles. Tout s'ouvrait désormais, puisque le grand Neil avait mis un pied sur l'astre inaccessible.

C'est drôle, la précision avec laquelle je me souviens du passé lointain, alors que je ne me rappelle plus ce que j'ai fait ce matin…

Ah si, j'ai volé une voiture ! Je souris en imaginant la tête de Madame la Directrice, découvrant la disparition de sa Polo noire ainsi que mon absence au réfectoire pour le petit déjeuner ! Je me demande combien de temps elle a mis pour faire le lien. Dans tous les cas, je reconnais bien la rigueur de la Dirlo : elle avait pensé à monter des pneus neige. Qui m'ont sans doute évité de m'envoyer dans le décor ! Dans l'impulsivité du départ, je n'ai même pas pensé à emporter une bouteille de Coca. C'est rare !

Dans notre malheur, nous avons la chance d'atterrir à Collonges-sous-Salève. Cette petite commune de Haute-Savoie accueille le dépôt de la marque « Moon Boots » dont le siège français se situe à une trentaine de kilomètres. Solidaires, les salariés de la filiale qui diffuse en France les célèbres après-skis offrent leur stock pour réchauffer les pieds frigorifiés des automobilistes pris dans la tempête. Devant eux, un étal composé de bottes classées par groupe de couleurs.

En un instant, des dizaines de petons revêtent avec un plaisir non dissimulé de chaudes paires de Moon Boots aux couleurs flamboyantes. Rouge, Rose, Jaune, Caca d'Oie, Ocre, Orange, Corail, Cuivré, Saumon, Fuchsia, Mauve, Vert, Kaki, Bleu Clair et Bleu Marine.

Moi, je choisis un modèle Doré. Et interromps mon geste en direction d'une paire argentée que je m'apprêtais à saisir pour ma moitié. Elle n'est pas du voyage.

Des disciples de Neil Armstrong aux pieds multicolores foulent le tapis blanchâtre pour s'abriter dans la salle des fêtes.

Si j'avais emporté mes toiles et mes pinceaux, je tracerais une étendue blanche, parsemée de taches de couleurs. Comme dans les « Champs recouverts de neige autour d'Arles » de Vincent Van Gogh. J'ai suffisamment fréquenté cette œuvre au Solomon R. Guggenheim Museum pour me souvenir de ses plus infimes détails. Le bleu des flaques gelées. Le jaune pour les herbes saillantes. Et les teintes brunes et rouges qui mettent le sol en évidence.

Tandis que mes pensées me transportent à New York, mes pas me mènent vers la petite salle des fêtes. À l'intérieur, je ressens immédiatement la chaleur. Des vivres ainsi qu'une trentaine de lits de camp ont été disposés à la hâte. Des villageois cordiaux apportent gâteaux faits maison, thermos de café, magazines, jeux de société pour passer le temps en attendant un hypothétique départ. En avançant dans la pièce grouillante d'activités, j'ai le sentiment que la vie reprend ses droits après une période de congélation.

Un garçonnet aux longues boucles blondes met à disposition son jeu de Mikado géant. En observant attentivement son visage, je réalise qu'il a dû être opéré d'une fente palatine. Il conserve une petite boursouflure discrète sur la lèvre supérieure. Ainsi qu'un nez légèrement épaté. Ça lui donne un air tout doux. Un peu rêveur, aussi. J'admire le travail de reconstruction effectué par les chirurgiens. Toute personne à l'œil moins averti que le mien pourrait facilement ignorer cette particularité.

Je me souviens bien des mikados, plaisir de mon enfance. Un jeu d'adresse se composant d'un ensemble de baguettes en bois aux extrémités pointues.

Le petit garçon propose à qui le souhaite de partager une partie avec lui. Gentiment, il rappelle les règles aux premiers volontaires. Il faut retirer une à une les fines baguettes entremêlées. Chacune est striée de bandes de couleurs différentes. Seule la baguette à enlever peut être touchée ou déplacée. Si une autre bouge, le joueur perd la main et la passe au suivant.

Moi, je m'installe à l'écart. Suffisamment près pour les contempler. Mais assez loin pour ne pas les entendre. Il me suffit pour cela de retirer discrètement mes sonotones. Tandis que ma vue de loin est nette, je plonge dans un vague brouhaha aussi cotonneux que la neige à l'extérieur.

Dans cette atmosphère quasi onirique, j'observe. J'analyse. J'interprète. Je m'imprègne de ces seize inconnus aux bottes colorées. Reclus comme moi, à cause d'une imprévisible tempête de neige. Je leur invente une vie. Par quelle succession d'événements se sont-ils retrouvés dans cette galère ? Quelle est la finalité de leur voyage ? Qui vont-ils retrouver au bout du trajet ?

Je laisse libre cours à mon imagination. En partant du bas. Par petites touches de couleurs. Comme quand je peignais.

PARTIE 1

« Je parle avec les yeux, j'écoute avec le cœur, je comprends avec le temps. »
— Jean Marc Levaux

14 h 30

1
ROUGE ET ROSE

Bien installé dans mon fauteuil, les bras à plat sur les deux accoudoirs, j'explore mon environnement. En face de moi, une horloge murale indique quatorze heures trente. Mon regard se porte sur les bottes de couleur. Rouges et roses. Je n'ai plus qu'à lever légèrement la tête pour savoir à qui elles appartiennent. Puis imaginer leur histoire. Les Moon Boots roses sont portées par une petite fille au sourire édenté. Elle a les cheveux roux ébouriffés et des taches de rousseur lui mangent le visage. Elle aurait sept ans. Plus cent vingt-trois jours, pour être précis. Car la fillette aimerait la précision. Et les chiffres. C'est sûrement une enfant différente. Je le vois à sa bouche, légèrement entrouverte d'où dépasse une petite langue rosée. Ainsi qu'à ses mouvements raides. À tous les coups, elle ne rentre pas dans les cases. Ni dans celles de l'Éducation Nationale ni dans celles de la Sécurité Sociale. Pourtant, avec son air canaille, on a juste envie d'ouvrir les bras pour l'accueillir. Sa maman dit toujours qu'elle n'est pas câblée comme tout le monde. De taille moyenne, cette dernière est la propriétaire des bottes rouges. Elle a le regard volontaire de ceux qui se battent contre vents et marées pour une cause leur tenant à cœur. Comme accompagner sa petite sur le chemin de la Vie ? me demandais-je.

Son front ample barré de rides paraît dissimuler de multiples questionnements. Elle semble naviguer entre mystère et mélancolie. Sans aucun doute, cherche-t-elle à comprendre le trouble dont souffre son enfant, pour mieux en circonscrire les effets. L'aider à trouver sa place. Car sa fille a de la ressource, mais encore faut-il lui permettre de l'exploiter. À force de courir les spécialistes, de parcourir les forums médicaux, la mère a obtenu un diagnostic. Froid et chirurgical : Trouble du Spectre Autistique.

Elle a cherché la définition de chacun de ces mots dans le dictionnaire.

Trouble : « *qui contient des éléments obscurs, équivoques* ».

Spectre : « *perspective menaçante* ».

Autistique : « *relatif à l'autisme* ».

Clairement, ça ne la rassure pas. Mises bout à bout, ces informations l'inquiètent même franchement ! Abréviation : TSA. À elles seules, ces trois lettres compromettent l'avenir de sa petite. Pourtant, avec son allure quelque peu négligée, cette mère n'apparaît pas spécialement comme une partisane des projections et de l'ambition. Elle ne voit pas sa fille devenir avocate ou médecin. Juste bien dans ses baskets. Elle voudrait seulement lui transmettre le goût du bonheur. Sans que ce bonheur soit entravé par une étiquette collée sur son front comme un code-barre limitant.

À bien la regarder, je soupçonne que la jeune femme s'oublie au détriment de son enfant. Alors que la fillette est habillée avec soin, de couleurs vives mettant en valeur son teint pâle, la mère est mal fagotée, portant des vêtements usés et mal taillés.

Depuis quelques mois, elle échange sur Internet avec un éminent spécialiste du Québec. Il lui permet d'entrevoir un avenir meilleur pour sa petite. Il a proposé de les recevoir en consultation en vue d'inclure l'enfant dans son protocole de recherche. Avec son salaire d'ouvrière à l'usine Peugeot, la jeune femme ne pouvait pas financer ce voyage. Alors, sans trop y croire, elle a ouvert une cagnotte en ligne ; grâce à la générosité d'inconnus touchés par leur histoire, elle est parvenue à acheter les billets d'avion.

Leur départ est prévu le 27/12, depuis l'aéroport de Lyon Saint-Exupéry. Six mois lui ont été nécessaires pour préparer sa fille à ce voyage, au changement d'environnement. Elle a tenté d'anticiper tous les petits imprévus susceptibles de survenir lors de leur périple. Car l'enfant est particulièrement angoissée. C'est même l'une des caractéristiques principales de son trouble :

elle fait d'impressionnantes crises d'angoisse, car elle ne sait pas gérer ses émotions. Ces crises apparaissent aussi lors de ses interactions sociales. Ça peut être effrayant pour les autres enfants. Mais quand on ne déchiffre pas ses propres émotions, on a du mal à comprendre quand les autres demandent d'arrêter de les embêter, de les suivre ou de les serrer. Et on se retrouve vite isolé. Voire moqué. C'est pour ça qu'ils ne l'ont pas gardée à l'école. Soi-disant pour la protéger. Enfin ça, c'est la raison officielle. Parce que la mère soupçonne plutôt une histoire de quotas, de pénurie d'Accompagnants d'Élèves en Situation de Handicap ou tout autre motif, bien loin des symptômes de sa puce. En tout cas, elle a compris qu'elle ne pouvait compter que sur elle-même pour améliorer le sort de sa fille.

Elle a échoué à convaincre la petite de laisser son chat Capsule. Elle a eu beau lui promettre d'en accueillir un nouveau, dès leur arrivée au Canada, la fillette refuse de voyager sans Capsule. La mère a le cœur serré à l'idée de les séparer, ces deux-là, mais elle a eu beau tourner le problème dans tous les sens, elle n'a pas trouvé de solution. Elle ne veut pas imposer ce long voyage en avion à leur petite boule de poils. D'ailleurs, même si elle s'y était résolue, pas sûre que la compagnie aérienne aurait accepté. Mais comme la petite fille ne voulait pas entendre raison, elle a botté en touche. Elle n'en a plus parlé. Elle a seulement demandé à son ancienne voisine, assistante de vétérinaire et qui a déménagé à Lyon, de les rejoindre à l'aéroport pour récupérer Capsule avant leur embarquement. La mère n'est pas fière de sa manigance, mais elle se dit que c'est pour la bonne cause.

Elle a pris la route avec sérénité, ce matin. Elle ressent que sa fille est prête pour le voyage — et pour un éventuel changement de vie si le protocole expérimental nécessitait leur installation au Canada. La jeune femme a préparé un itinéraire bis, leur permettant de découvrir de jolis villages. En vrai, elle veut éviter les onéreux péages. Jusqu'en Haute-Savoie où elles ne feront pas l'économie d'un court passage sur l'Autoroute Blanche pour rejoindre Lyon. En partant ce matin, elle a glissé dans l'autoradio le CD de comptines préférées de sa fille. Elle s'est conditionnée pour entendre sept fois de suite « Frère Jacques », « Promenons-nous dans les bois » ou « Dans sa maison un grand cerf », avant d'arriver à destination. Elle savait que ça la fatiguerait autant que la route. Mais la sérénité de son enfant n'a pas de prix !

Comme la jeune femme est un brin superstitieuse, elle croise les doigts depuis leur départ, pour que tout se passe comme prévu… Et ce n'est pas facile de tenir le volant avec les deux majeurs qui passent sur les index. Surtout quand il y a d'énormes bourrasques de vent.

Malheureusement, elle se rend vite compte qu'il y a « une couille dans le potage », comme ils disent à l'usine quand la chaîne de production s'emballe. L'épisode neigeux annoncé depuis plusieurs jours par Météo France a l'air bien plus virulent que prévu. Le ciel est lourd de neige. L'horizon est tout bouché. Pourvu que ça ne les empêche pas de décoller. Car depuis trois jours, la fillette répète en boucle qu'elles décolleront à six heures quarante-deux minutes, le lundi 27 décembre. Pour éviter un surplus de stress, la mère a prévu de passer la nuit de dimanche à lundi dans un hôtel à proximité de l'aéroport. La petite a défait puis refait quatre fois sa valise, pour être sûre d'avoir emporté tout ce qu'elle souhaitait :

– sa collection de livres Tintin — qui heureusement n'en compte que trois, abîmés à force d'être manipulés par ses petits doigts peu précautionneux ;

– son doudou, dit Monsieur Edgar, informe poupée de chiffon délavée, qu'elle n'a jamais voulu remplacer par l'un de ses clones achetés au même moment ;

– son stylo fétiche, un Bic quatre couleurs parfaitement quelconque ;

– son casque anti-bruit ;

– sa couverture lestée, seule à même de la contenir et de l'apaiser après une crise.

Et bien sûr son petit chat, Capsule. Son inséparable !

La jeune femme voit bien que les chutes de neige procurent un inconfort à sa fille. Si elle n'avait pas autant besoin d'être concentrée, elle chercherait à la rassurer par des mots réconfortants dont une maman a le secret. Alors qu'elles sont à l'arrêt depuis de longues minutes, la crise qui couvait, éclate avec force :

— Maman, la neige va nous faire rater l'avion, maman, la neige va nous faire rater l'avion, maman, la neige va nous faire rater l'avion, ânonne la petite fille à la manière d'un disque rayé en se balançant vigoureusement d'avant en arrière, la tête entre les mains.

Dans quelques secondes, elle va se lancer dans un flapping dont elle a le secret. Elle va battre des mains de manière répétée. Les spécialistes disent que cette stéréotypie l'aide à « *récupérer sa verticalité* ». Elle, elle pense juste que c'est le seul moyen pour sa fille de lutter contre l'invasion du stress. En tout cas c'est le signal : il faut absolument qu'elle s'arrête. L'entourer de ses bras pour l'apaiser. Éviter à tout prix que l'angoisse de cet événement imprévu ne dégénère en crise longue et épuisante pour toutes les deux.

Alors elle met son clignotant puis prend la première sortie d'autoroute. En un coup d'œil dans le rétroviseur, la jeune mère réalise qu'elle débute un convoi de véhicules qui serpente loin derrière elles. Elle remercie mentalement le ciel de ne pas être en queue de peloton. Car alors elle ne répondrait plus de rien.

Lorsque enfin elles arrivent devant la salle des fêtes où elles sont contraintes de s'arrêter, on leur remet deux paires de Moon Boots. Une rouge pour elle. Et une rose pour sa fille. Si seulement ça pouvait lui changer les idées…

2
JAUNE

Je fixe désormais une paire jaune. Elle orne les pieds d'une adolescente à l'air renfrogné, symptomatique de son âge. Il ne l'a probablement pas quittée depuis qu'elle a pris la route ce matin, avec sa famille. Sitôt cette pensée formulée, j'imagine le contexte de son départ.

26 décembre 2021. C'est le jour de la Saint Etienne. Férié en Alsace, alors que dans la France de l'intérieur, tout le monde travaille. Aujourd'hui ça ne change rien, puisqu'on est dimanche. Dans cette famille, depuis plusieurs générations, on part en vacances à la Saint Etienne. À Juan-les-Pins. C'est une tradition dont les parents ont hérité des grands-parents paternels.

L'ado de 14 ans valide le concept. Partir entre Noël et Nouvel An, goûter la douceur de vivre de la Côte d'Azur, sans les cohortes de touristes estivaux, elle trouve ça carrément cool ! Surtout qu'à cette période, ses boutiques préférées liquident leurs collections avant leur fermeture annuelle. Du coup, elle prévoit toujours un budget d'argent de poche conséquent, pour pouvoir, à la rentrée, se pavaner avec ses nouveaux habits, devant les filles de son collège, vertes de jalousie ! Ça compense à peine ses horribles poussées d'acné.

Bon, ce matin, au moment du départ matinal, elle devait moins fanfaronner. Elle a même sûrement dû se faire violence, quand elle a entendu le ton sans appel de son père :

— Allez, tu te lèves maintenant et tu viens déneiger la voiture, s'il te plaît ! Lui-même chargeait le coffre tandis que la mère finissait de préparer le pique-nique pour la pause de midi. Elle se dit qu'elle n'a pas de chance, car si cette neige était tombée il y a deux ans, elle aurait sûrement trouvé le moyen de laisser cette corvée à son grand frère. Il a trois ans de plus qu'elle et, depuis l'année dernière, il étudie à Paris. Rien de moins qu'à la Sorbonne, s'il vous plaît ! Sa mère en frissonne de fierté quand elle parle de lui. C'est vrai que son frère a toujours été une tête. D'ailleurs, il a un an d'avance. Mais il n'est pas fun : en permanence le nez dans ses bouquins ! Du coup, ça lui a fait du bien d'être « borné » la première année. Dans le jargon de la Sorbonne, ça signifie qu'un tuteur lui a un peu montré la vie.

Son frère, c'est tout le contraire d'elle ! D'ailleurs elle se demande bien comment ses parents s'y sont pris pour avoir des enfants aussi différents. En fait, elle le sait bien, mais elle aime mieux l'oublier… N'empêche que, sur ce coup-là, il a tout bon, son frangin. Monsieur va les rejoindre en avion à Nice. Si tout se passe comme prévu, ils devraient le récupérer à l'aéroport à 19 h 30, avant de rejoindre leur location de Juan.

Évidemment, elle n'a pas déneigé comme il fallait. Évidemment, son père a râlé, parce qu'elle aurait dû commencer par le côté conducteur. Évidemment, sa mère a pris sa défense, mais comme ses parents sont toujours tendus avant de traverser la France, ils se sont disputés. Surtout que, pour ne rien arranger, la neige n'arrête pas de tomber.

Pour ne pas les entendre, l'adolescente a mis des boules dans ses oreilles. Elle écoute ainsi le dernier tube d'un rappeur à la mode, à fond sur son Smartphone. Puis elle est rentrée dégeler ses doigts autour de la tasse de chocolat chaud que sa mère lui avait préparée. Il faisait encore bien nuit. Dans la cuisine flottaient des odeurs de café mélangées à celles de jambon/cornichons utilisés pour garnir les sandwichs. En général, elle a le cœur bien accroché, mais là, ça lui a donné la nausée. France Info tournait en boucle et d'une voix monocorde, le journaliste — sûrement pas encore bien remis de ses agapes de la veille — appelait les automobilistes à la plus grande prudence compte tenu des fortes chutes de neige attendues toute la journée.

— Je me demande quand même si on n'aurait pas intérêt à attendre que ça se calme pour partir, a marmonné la mère qui se parlait davantage à elle-même qu'elle n'attendait une réponse.

— Alors ça, sûrement pas, a tonné le père, sans réaliser que la question ne s'adressait pas vraiment à lui. Depuis trois générations, le départ de notre famille vers le Sud, c'est le 26 décembre. Comme la migration des oiseaux, ça ne se décale pas ! Avec ou sans neige ! Tu crois qu'à l'hiver 1953-1954 qui a été tellement rigoureux que l'Abbé Pierre a lancé son appel, mon grand-père avait renoncé à partir à bord de sa Peugeot 203 ? Et je peux t'assurer qu'il n'y avait pas de pneus neige, à l'époque ! Mon père dormait entre sa grande sœur et son petit frère sur la banquette arrière, sans être attachés, puisque les ceintures n'existaient pas. Régulièrement, ils se réveillaient en sursaut parce que la voiture avait glissé sur du verglas, obligeant le conducteur à redresser brusquement le volant pour éviter la sortie de route ! Mais ils étaient arrivés à bon port ! Après vingt heures de trajet au cours duquel ma grand-mère — avant-gardiste titulaire du permis de conduire — le relayait pour qu'il puisse dormir. Alors ça n'est pas une petite alerte météo, plus d'un demi-siècle plus tard qui va nous arrêter !

De bonne composition, la mère s'est aussitôt rangée à son avis :

— Tu as raison, Shotzi, il va y avoir plein d'avantages à partir aujourd'hui. La plupart des gens vont différer leur voyage, donc on aura la route pour nous tout seuls. Et puis ces gros flocons, ça va donner un aspect féerique au trajet que je connais pourtant par cœur, à force. Allez, je mets le café dans le thermos et je suis prête !

Comme le ton entre eux s'est radouci, l'adolescente baisse le son de sa musique afin d'entendre ce qu'ils disent. Elle ne voudrait pas manquer une information capitale. Comme l'heure de la pause pipi ou le nombre de pages de journal à emporter pour couvrir le pare-brise pendant qu'ils iront déjeuner. Elle ne peut s'empêcher de penser que le plus simple aurait quand même été de voyager en avion ! Au départ de l'aéroport de Bâle-Mulhouse, s'ils réservaient à l'avance, ça ne leur reviendrait pas plus cher que le trajet en voiture, vu le prix actuel du litre d'essence. Rapport à la guerre en Ukraine. Elle ne comprend pas grand-chose à la géopolitique, mais comme ils le disent partout, ça doit être vrai ! Percevant que ce n'est pas le moment de remettre un sujet brûlant sur la table avant le départ, elle s'installe sans un mot dans la voiture. Enroulée dans un épais plaid, elle espère retrouver le confort de son lit et tenter de finir sa nuit. L'adolescente compte aussi, pour s'endormir rapidement, sur la lecture du livre de Flaubert « l'Éducation sentimentale », qu'elle doit avoir lu au retour des vacances. Une vaste publicité mensongère, ce bouquin ! Elle pensait y découvrir des informations utiles sur les rapports avec les gars de son âge, mais elle s'est trompée. Après quelques pages seulement, elle a compris que l'auteur y dresse le portrait de ses contemporains qui n'ont rien à voir avec les mecs de sa génération. Pas un mot sur les SMS à envoyer ou non au gars de terminale qui lui plaît. Pas une phrase sur les habits à privilégier pour qu'il la remarque à coup sûr. Elle compte emprunter discrètement les magazines féminins de sa mère afin d'y trouver des réponses. Du coup, la lecture de « l'Éducation sentimentale » lui apparaît bien rébarbative, mais elle n'a pas le choix, elle devra bien s'y résoudre pendant cette semaine.

Quand elle se réveille, l'atmosphère est aussi glacée dans l'habitacle qu'à l'extérieur. À la radio, ils annoncent la fermeture de l'autoroute pour une durée indéterminée. Direction : prochaine sortie.

— Maman, comment on va récupérer mon frère ? On ne sera jamais à l'heure, à ce rythme-là !

— Il se débrouillera comme un grand. Il vit seul à Paris depuis plus d'un an.

Elle comprend, au ton cassant de son père, qu'il vaut mieux qu'elle se taise. Alors elle remet rageusement ses écouteurs en jetant à peine un œil sur les Moon Boots qu'on lui a tendus, quand enfin ils sont arrivés à leur destination forcée. Une salle des fêtes perdue dans le trou du cul du monde ! Ses bottes sont jaune poussin. Trop moches ! Alors l'adolescente fait ce qu'elle connaît le mieux en ce moment : la gueule ! Elle ne voit pas la paire de chaussures caca d'oie dont hérite son père. Pourtant ça lui rendrait sûrement le sourire ! Presque assortie au pompon du bonnet mexicain protégeant son crâne quasi chauve. Sa mère, elle, reçoit des bottes ocre qui feront grand effet sur la plage de Juan-les-Pins !

Dans la salle des fêtes, un gosse blond l'interpelle :

— Eh Jaune ! Tu joues au Mikado avec nous ?

L'adolescente met quelques secondes avant de comprendre que c'est à elle qu'il s'adresse en la désignant par la couleur de ses bottes.

Mais d'où il se permet de lui parler, celui-là, pense-t-elle. Elle le scrute de haut en bas et, considérant qu'il n’est pas digne de son intérêt, l’ignore royalement. Pourtant, à peine le petit garçon s’est-il éloigné, qu'elle regrette déjà son attitude. À coup sûr, elle aurait apprécié de se changer les idées au lieu de ruminer sa mauvaise humeur…

3
ORANGE, CORAIL, CUIVRÉ, SAUMON

Les paires suivantes sont entremêlées. Elles se composent d'un joli camaïeu d'orange. Pourtant elles ne parviennent pas à donner bonne mine à leurs propriétaires qui ont l'air épuisé. Malgré tout, celle qui porte les bottes orange paraît pleine de vie. Peut-être parce que c'est elle qui a hérité de la couleur la plus chaude. Elle a de longs cheveux blonds, enroulés en tresses au-dessus des oreilles.

Il n'en faut pas plus à mon imagination pour partir au triple galop vers un flash-back fictif : 23 décembre 2021 à Marioupol, Ukraine. Avant-veille de Noël. Le plus horrible Noël de sa vie ! Orange aurait dû le passer comme les derniers jours, avec sa mère et ses deux petites sœurs, enfermées dans la cave de leur maison. Afin de se protéger des bombardements incessants détruisant leur ville de l'Est de l'Ukraine. Sans hésiter une seconde, son père était parti se battre pour défendre sa nation. Il avait les larmes aux yeux, lorsqu'il s'était éloigné après un dernier câlin collectif. Ça a bouleversé la jeune Orange, parce qu'elle n'avait jamais vu son père pleurer.

Ce matin, sa mère a décidé que le soir de Noël, au lieu d'ouvrir des cadeaux et de partager un bon repas en famille, elles fuiraient. Profitant de ce qui serait peut-être une trêve. Si ça n'en était pas une, elle avait chronométré qu'elles disposeraient d'environ quatre heures pour partir entre deux attaques. Quitter cet enfer ! Cette décision avait été terrible, car elle nécessitait de laisser leur père sur place. Mais il aurait sûrement voulu qu'elles se sauvent. Elles emmèneraient Babusya, leur grand-mère. Comme elle habitait à la frontière moldave, elles la récupéreraient sur le trajet. Après, elles seraient en sécurité. Dans un autre pays.

Alors, dès que les bruits de bombes s'éloignaient, la jeune Orange remontait avec sa maman rassembler quelques affaires dans des sacs de voyage. Ses sœurs — des jumelles de 6 ans — n'aimaient pas rester seules. Pour les consoler, elle leur prêtait sa Nintendo Switch. Ça marchait bien ! En général mère et fille revenaient vite, car les attaques reprenaient de plus belle, les contraignant à se remettre à l'abri. Tout en priant silencieusement afin qu'aucune bombe n'atteigne leur maison…

L'amie française de sa maman les avait convaincues de venir chez elle. Sa famille l'avait accueillie plusieurs étés entre 1992 et 2000, par le biais de l'association « les enfants de Tchernobyl ». Quand sa mère s'était mariée puis installée à Marioupol, toutes deux avaient continué à correspondre par mail. C'est parce qu'elle avait aimé pratiquer cette langue que sa maman était devenue professeur de français. Et qu'elle avait rencontré son futur mari, professeur d'histoire. Elle dit souvent que la Française est son ange gardien !

Depuis le début de la guerre, son amie les supplie de venir la rejoindre à Thann, en Alsace. Elle peut les loger aussi longtemps que nécessaire dans sa maison de campagne, à Belleville-en-Beaujolais. Rien que ce nom, aux consonances étrangères à leurs oreilles, les faisait rêver d'une belle vie, provisoire certes, mais calme… en attendant leur retour au pays. Après avoir beaucoup hésité, elles ont décidé de partir.

Le long trajet jusqu'à la France s'est plutôt bien passé. Leur Dacia a tenu le coup et elles aussi. Orange s'est forcée à chanter et rire avec ses petites sœurs. Elle ne les a pas détrompées quand elles ont confondu des explosions au loin avec un feu d'artifice de Noël. Elle s'est appliquée à introduire un semblant de normalité dans cette ambiance d'exode. Au moment où elles ont franchi la frontière, la jeune fille a pudiquement détourné la tête pour ne pas voir les larmes couler sur les joues de sa Babusya.

Orange espère de toutes ses forces que le sept janvier, au moment de fêter Sviata Vechera, le vrai Noël ukrainien, ils seront tous réunis et que la guerre sera finie.

Après quelques heures de repos chez Christine, elles ont repris la route ce matin, pour rejoindre leur destination. Elles étaient pressées de retrouver sécurité, quiétude et autonomie, après avoir vécu des heures terribles de guerre, puis de fuite. Elles n'auraient pas imaginé qu'après à peine deux heures de route, une tempête de neige, pareille à celles sévissant en Ukraine, les obligerait à s'arrêter. Comme celle qui s'était abattue sur Kiev en 2013. Le père, accompagnateur d'une de ses classes en séjour dans la capitale, avait été bloqué une journée entière dans des embouteillages monstres. Il aurait pu les faire profiter de son expérience. S'il n'était pas sur le front. Cette pensée donne à Orange l'envie de pleurer. Même les Moon Boots qu'on leur offre quand elles arrivent enfin à destination après avoir patiné pendant presque une heure dans leur Dacia Logan ne lui remontent pas le moral. Elle les reconnaît, elle a les mêmes à la maison. Il faut dire qu'elles sont fabriquées en Ukraine.

Sa mère, qui a perçu son passage à vide, choisit une paire orange — énergique et vitaminée — pour elle. La même que celle qu'elle a laissée à la maison. Elle doit penser que ça lui fera du bien de retrouver un repère. Pour elle-même, elle prend une paire corail. Cuivrée pour Babusya. Et quatre bottes saumon pour les jumelles.

4
FUCHSIA ET MAUVE

Au tour des bottes fuchsia d'être balayées par mon regard scrutateur. Sa détentrice a beau être particulièrement frêle, il se dégage de sa personne une force de vie impressionnante. À cause de son port de tête volontaire ? De son regard si doux ? Ou de la manière qu'elle a de savourer chaque instant ? Elle semble gourmande, aussi, à voir la boîte de chocolats qu'elle garde toujours à portée de main.

Je présume que cette femme a récemment traversé une épreuve dont elle est sortie victorieuse. La béquille sur laquelle elle prend appui reste la trace de son combat.

À mon avis, elle a terminé sa rééducation le mois dernier. Mettant un point qu'elle espère final à treize mois de galère post Covid-19. Aide-soignante à l'hôpital de

Mulhouse, elle a subi de plein fouet — comme tous ses collègues soignants alsaciens — la première vague de ce virus encore méconnu. En août et septembre 2020, elle a été au front. Sans relâche. Elle a pris en charge puis réconforté des dizaines de malades ne comprenant pas ce qui leur arrivait. Poussé les murs pour ajouter des lits. Aidé à intuber à la chaîne des patients se dégradant rapidement. Accueilli leurs familles, tenté de les rassurer. Elle a malheureusement vu passer beaucoup de brancards recouverts d'un drap.

À cinquante-quatre ans, Fuchsia n'avait jamais connu pareille tragédie !

Au regard de ses doigts aux ongles jaunis, je devine qu'elle a beaucoup fumé. Le soir en s'endormant, éreintée de fatigue, elle a dû voir, derrière ses paupières closes, des files de chariots patientant dans les couloirs de l'hôpital. Et réaliser le lendemain, en y retournant que ce n'était pas qu'un mauvais rêve. Les brancards étaient encore là !

En octobre, elle a, à son tour, succombé. Ça a commencé par une intense fatigue. Elle l'a crue consécutive aux heures passées sans compter à l'hôpital. Ainsi qu'à l'angoisse permanente de perdre encore un patient. Puis elle a ressenti des douleurs intestinales et souffert de maux de tête puis oculaires. Au bout de huit jours, elle a eu du mal à respirer. Beaucoup de mal. Alors elle en a parlé au gentil interne du service. Il a tout de suite compris qu'elle était en détresse respiratoire aiguë. Mais il lui a dit que c'était sûrement un contrecoup de ces mois épuisants. Par prudence, il lui a quand même prescrit quelques examens. En voyant sa tête au retour de la radio, elle a compris…

Compris qu'elle avait à son tour été contaminée par cette « saleté de bestiole ». À trop s'en approcher, elle a fini par l'attraper ! Non pas qu'elle s'est crue plus forte que les autres, mais elle a juste eu à cœur d'exercer son métier correctement. Sans se résoudre à caresser au travers de gants stériles, le visage de personnes en passe de faire le grand saut.

L'interne l'a rassurée : n'étant pas spécialement à risque, n'ayant ni âge canonique ni comorbidités, elle devrait bien s'en sortir… Pour ne pas l'affoler, il ne lui a pas dit que ses poumons étaient déjà bien atteints.

En quelques jours, elle est passée de l'autre côté de la barrière. Du côté où les personnes sont diminuées au fond de leur lit. Où elles placent leur vie entre les mains des soignants. Où elles sentent l'aiguille de la seringue perforer leur chair. Où elles vivent dans un monde aseptisé. Bleu, de la couleur des tenues des soignants ou des champs stériles. Séparées des autres par de dérisoires protections censées préserver les personnes en première ligne. Elle était pourtant la preuve — encore un peu — vivante de leur manque d'efficacité !

Son état s'est tant dégradé que le chef de son service lui a annoncé son transfert en réanimation. Afin d'y être probablement placée sous respirateur pour une durée indéterminée. Ça a dû être si angoissant ! Avant ce grand voyage, l'aide-soignante a pu échanger via Whatsapp avec sa fille. Sa fille unique qui ne peut pas être auprès d'elle, parce qu'elle est enceinte de six mois. De toute façon, les visites sont interdites à l'hôpital en cette période de pandémie. À Valence où elle vit avec sa compagne, la future mère est paniquée. Redoutant de perdre sa maman, alors qu'elle s'apprête à donner la vie. Culpabilisée d'être si loin et de ne pouvoir lui tenir la main.

Je devine toutes ces craintes passées dans le regard vif, cerclé de lunettes argentées, de la jeune femme aux bottes mauves qui l'accompagne. Seul un enfant aimant peut ainsi être marqué par la terreur de perdre un parent.

Alors, pour sa fille et sa merveille qui allait voir le jour, l'aide-soignante a décidé de se battre. Coûte que coûte. Juste avant que l'écran de la tablette ne s'éteigne, elle leur a promis qu'elle vivrait. Quand ses yeux se sont fermés au moment de plonger dans un sommeil artificiel, elle savait qu'elle les rouvrirait tôt ou tard. Mais elle ignorait dans quel état elle serait à son réveil…

Je décrète que son coma a duré six longues semaines. Un enfer pour ses proches. Sa fille d'abord. Sa sœur aussi. Et ses collègues, venues la voir à travers une vitre, profitant de leur présence en réa où elles accompagnaient l'un de leurs patients. Quand on a réveillé l'aide-soignante dans la première quinzaine de janvier, elle a complètement perdu la notion du temps. Elle alterne les périodes de sommeil artificiel avec une reprise de conscience embrumée. Aujourd'hui, elle garde peu de souvenirs de cette période. Seulement le sentiment permanent d'être entourée d'un épais brouillard. Apprenant avec stupéfaction qu'elle est devenue grand-mère, puisque sa fille a accouché d'une toute petite Gabrielle,

elle ne sait pas s'il s'agit d'un rêve ou de la réalité. Elle ne réalise pas immédiatement que ce bout de chou est arrivé avec plus d'un mois d'avance sur la date prévue. Elle veut poser des questions, mais elle ne peut pas parler. Elle séjourne dans un service de soins intermédiaires où elle reçoit une oxygénation à très haut débit.

La jeune grand-mère entreprend une longue rééducation : elle a perdu une dizaine de kilos ainsi qu'une bonne partie de sa masse musculaire. Elle ne tient plus sur ses jambes. Pendant de longs mois, elle doit réapprendre les gestes du quotidien. Tous les jours, avant le dîner, elle a rendez-vous pour un appel vidéo avec sa fille et sa compagne ainsi que leur petite Gabrielle. Les deux mamans lui racontent les sourires et les progrès de leur pépite. Elle est frustrée de ne les voir qu'à travers un écran, bien sûr. Mais toutes les trois lui donnent la motivation de retrouver ses capacités au plus vite. Elle sait que dès qu'elle ira mieux son premier voyage sera vers elles !

À la naissance, Gabrielle a eu besoin d'une assistance respiratoire. Ses mamans ont fait le lien avec la machine qui, dans un autre hôpital, à plusieurs centaines de kilomètres, lui permettait de vivre, à elle aussi. Sa petite-fille et elle doivent la vie à une machine. En symbole de leur guérison, la jeune maman s'est fait tatouer deux étoiles reliées par un fil sur le poignet droit. Sa mère et sa fille.

Soutenue par des kinés, des infirmiers et des aides-soignants formidables, Fuchsia retrouve peu à peu la faculté de réaliser des gestes simples. Comme se lever seule, rester debout, marcher, se laver de manière autonome. Porter à sa bouche un petit chocolat de la boîte envoyée par sa fille. De petites victoires qui, jour après jour, gonflent son moral. Lui permettent de rêver à sa rencontre avec sa petite-fille le jour de son premier anniversaire. Le 28 décembre 2021. Cette perspective décuple ses forces.

Le 12 novembre 2021, elle est autorisée à quitter le centre de rééducation et à rentrer chez elle. Elle en rapporte une béquille. Elle est si heureuse de réintégrer son appartement ! De retrouver un semblant de vie normale. Même si elle sent bien qu'elle est diminuée. Et qu'un bruissement de feuilles suffirait à la faire vaciller tant elle est chétive. Mais elle ne perd pas de vue que cette nouvelle étape la rapproche de son but. Rencontrer enfin la petite Gabrielle. Sa fille est venue la chercher en voiture. Elle arrive le 25 décembre et elles repartent ensemble le lendemain. Ainsi, elles seront trois générations réunies pour fêter le premier anniversaire de la petite. Parmi lesquelles, deux dont la vie n'a tenu qu'à un fil… de respirateur !

Si le départ ainsi que les premiers kilomètres se passent comme prévu, ça dérape quand les flocons de neige commencent à tomber plus abondamment. Ça dérape : dans tous les sens du terme ! La voiture risque à tout moment de glisser sur la chaussée verglacée. Des gouttes de sueur perlent sur les tempes de la conductrice tandis que les verres de ses lunettes se couvrent de buée. Il devient évident que leur plan bien huilé ne se déroulera pas comme prévu. Quand elles sont accueillies devant la salle des fêtes municipale de Collonges-sous-Salève, la mère hérite d'une paire de bottes fourrées fuchsia. La fille, de la même en mauve. Comme elles ont surmonté des épreuves bien plus pénibles qu'une tempête de neige, toutes deux se contentent d'apprécier d'avoir les pieds au chaud !

5
BLEU CLAIR ET BLEU MARINE

Mon tour d'horizon fait ensuite étape auprès de deux paires de Moon Boots se faisant face. Comme si elles étaient en pleine conversation. Une bleu clair, équivalant à vue de nez à une pointure de 39-40 ainsi qu'une bleu marine. Celle-ci est immense. Au moins du 46 ! Intrigué, je me demande ce qu'elles peuvent bien se raconter. Il me suffit de lever les yeux pour le deviner en observant leurs propriétaires.

Bleu Marine a un physique de footballeur américain. Carré, tout en muscles. Avec les cheveux mi-longs. Il pourrait être éducateur et s'appellerait Momo. Il aurait réveillé Bleu Clair à sept heures ce matin. C'est pas humain de se lever aussi tôt. En plus, il faisait un froid de canard. Bleu Clair, il dit plutôt « on se les gèle grave ! »

Comme il dormait encore à moitié, il n'avait même pas eu envie de tout casser. C'est rare, alors il faut le souligner. Peut-être que c'est à cause de la boule qu'il avait dans le ventre. Pas comme quand on est malade ou qu'on a faim. Mais plutôt comme quand on est inquiet. Qu'on flippe, quoi ! Pourtant, lui, ça ne lui arrive jamais de flipper. C'est même sûrement pour ça qu'il en est là, parce que quoi qu'il se passe, il fonce !

Je devine ce trait de caractère à sa mâchoire serrée et ses poings fermés. Comme s'il pensait que la vie était un ring de boxe et chaque journée un nouveau combat.

Ça lui crée pas mal d'ennuis, d'ailleurs. À tel point qu'il file un mauvais coton. Il dit lui-même qu'il n'est pas loin de la case prison… Et ça, il ne veut pas ! À 15 ans et demi, il a d'autres perspectives dans la vie. Être riche et heureux. Dans cet ordre. N'allez pas lui dire que l'argent ne fait pas le bonheur, parce que lui, il pense que « quand t'as pas une tune, tu sais bien qu'ça fait ton malheur ». Il n'y a qu'à voir ses parents qui triment tellement avec leurs quatre boulots à deux, que quand il a l'occasion de les aider, il ne se prive pas. Quitte à prendre chez les autres ce qui lui manque. Un vrai Robin des Bois contemporain ! Il trouve ça si injuste (ça lui met « le seum », comme il dit) que pour redescendre en pression, il retrouve ses copains pour caillasser des abris de bus, ou flamber une voiture. Lors de sa présentation en urgence devant le juge des enfants, celui-ci n'a pas bien compris la fonction apaisante de ces actes qu'il a qualifiés de « hautement délictuels ». Comme ce juge s'occupe aussi de ses autres affaires — bagarres violentes dans le quartier, dégradation de la voiture du voisin qui avait manqué de respect à sa sœur, vol de boîtes de raviolis, il a décidé que l'éducateur qui vient à domicile toutes les semaines, ça ne suffit plus. Et que les mesures de réparation qu'il lui avait imposées ne lui avaient pas servi de leçon.

Alors le juge a essayé de toucher la corde sensible :

— Kylian, je sais que tu es un bon gars. Mais tu es sur la mauvaise pente et j'ai peur de ce que tu vas devenir. Alors pour te protéger de toi-même, je vais te placer dans un CER.

Parce qu'il le connaît bien, Monsieur le Juge, il a dû voir à sa tête qu'il ne savait pas ce qu'était un CER. Alors il le lui a patiemment expliqué. Comme Bleu Clair possède une bonne mémoire, il a tout retenu :

— Un CER, c'est un Centre Éducatif Renforcé. Un établissement accueillant des mineurs délinquants multirécidivistes. Parce que c'est exactement ce que tu es, Kylian : un mineur délinquant multirécidiviste. Avec la prison comme prochaine étape !

Là, dans le cabinet du juge, Bleu Clair a senti un frisson le parcourir. Et s'amplifier quand il a entendu sa mère se moucher sans discrétion. Puis son père, respirer encore plus fort que d'habitude. Il ne voulait pas paraître faible, alors il s'est concentré sur les paroles du magistrat.

— Je t'envoie là-bas dès demain Kylian, parce que je pense que c'est ce qu'il te faut : un environnement et des professionnels qui t'apprendront à te valoriser en dehors de tes passages à l'acte. Te permettront d'intégrer les comportements sociaux attendus afin que tu construises un projet pour toi-même. Indépendamment de tes fausses bonnes idées pour aider ta famille. Si je prends cette décision, c'est parce que j'ai confiance en toi, Kylian.

Bizarrement c'est à ce moment que Bleu Clair a eu le plus de mal à retenir ses larmes. Personne ne lui avait jamais dit qu'il croyait en lui. Ses parents, il sait qu'ils l'aiment, mais il leur cause du souci, alors pour la confiance, on repassera. Du coup, il s'est dit que si un juge, avec ses grandes études et sa longue expérience, lui accorde sa confiance, peut-être que ça peut valoir le coup de se battre. Enfin se battre, c'est une image, hein, pas pour de vrai ! Juste pour lui montrer qu'il a raison de croire en lui.

Ses parents ont toujours respecté la Loi, alors comme le juge a dit « dès demain », ils l'ont emmené le lendemain vers ces trois lettres où il allait vivre maintenant. CER. Sur la route, il y avait une indication « Parc Aventure Alsace ». Il a décidé de le vivre comme une aventure. Sa première impression, c'est du vert. Ça l'a presque ébloui ! Ça le change du gris de son quartier. Quand il lève la tête, il voit des arbres, pas des tours. Ça lui fait tout drôle.

À son arrivée, on lui a présenté Momo. Son éduc référent. Une armoire à glace. Il n'a pas l'air beaucoup plus âgé que lui et il n'a pas de poils à la moustache. Ce n'est pas comme s'il les rasait, il n'en a pas du tout ! Il s'est tout de suite demandé si c'était Momo pour Maurice ou pour Mohamed. Avec ses yeux bleus et son air gentil, il ne ressemble pas trop aux Momos qu'il fréquente au quartier. Quand il le connaîtra mieux, il le lui demandera. Pour l'instant, il a juste précisé qu'il n'y avait pas moyen qu'il l'appelle Kyky. Il a une réputation, quand même !

Les autres jeunes avaient l'air encore plus perdus que lui. Alors il ne pense pas que Monsieur le Juge aimerait qu'ils deviennent copains. Mais comme il n'aime pas rester seul, ça lui a donné envie de tout casser. Ce n'était pas une bonne idée, parce qu'il a tout de suite été sanctionné.

Au terme de quelques jours de découverte, Momo lui a expliqué qu'il fallait établir son PPA, pour Projet Personnalisé d'Accompagnement. Encore trois lettres qui ne veulent rien dire. Ils aiment bien ça ici. Même si Kylian vient juste d'arriver, Momo l'a bien cerné. Il lui a dit qu'il ne devrait pas rester longtemps. Qu'il n'avait pas trop de mal avec le respect du rythme et les règles de vie en commun, mais qu'il devait apprendre à canaliser ses émotions pour avancer. Qu'il lui proposait de relever un défi. Partir six mois au Maroc. Pour découvrir, puis expérimenter de nouvelles valeurs. Se fabriquer de nouveaux repères. Et faire connaissance avec lui-même.

Bleu Clair a senti venir le coup tordu. Il avait dit OK à Monsieur le Juge, mais il allait falloir arrêter de l'envoyer toujours plus loin. Il n'est pas un pion qu'on déplace parce qu'on ne sait pas où le mettre, à la fin !

Pourtant quand Momo lui a parlé de Marrakech, ça a fait tilt dans sa tête. La ville où ses parents sont nés. Où ils ont grandi. Dont ils parlent avec des étoiles dans les yeux. Mais où leur manque chronique d'argent les empêche d'emmener leurs enfants. Même si chaque fois qu'ils parlent de ce pays, ils ajoutent « tu verras quand on ira ensemble ».

L'éducateur lui a présenté le projet, en affirmant qu'il serait le seul à décider s'il voulait tenter l'aventure ou non. Il serait accueilli avec six autres jeunes dans un Riad, situé dans la Médina. Rien que ces mots sentent le thé à la menthe et les épices racontés par ses parents. Après quelques jours de découvertes de son nouvel environnement, il partirait en randonnée pour une semaine dans le Moyen Atlas. Il a d'abord pensé à un énorme dictionnaire, plein de cartes de géographie. Puis, il s'est rappelé que le Moyen Atlas, c'est un massif montagneux au centre du Maroc. Où son père adorait accompagner son grand-père pour la transhumance de son troupeau, quand il était petit.

Le travail éducatif commencerait une fois de retour dans le lieu d'accueil. À partir des motifs qui ont conduit au placement. En ce qui le concerne, il s'agirait d'apprendre à respecter la Loi, les règles. D'acquérir la notion de responsabilité pour devenir un citoyen éclairé.

Il y aurait des activités collectives comme individuelles, sportives comme culturelles. Du travail en atelier pour développer un savoir-faire, pour lequel — cerise sur le gâteau ou plutôt cerise sur les cornes de gazelle, pour rester couleur locale — il serait rémunéré. La réalisation d'un carnet de route. Des actions de solidarité avec des orphelinats ou des écoles de Marrakech, pour apprendre « à donner et à recevoir », comme dit

Momo. Ça l'amuse, car lui ce qu'il sait donner et recevoir, c'est des baffes !

Bleu Clair trouve que ça ressemble à ces encarts publicitaires devant les vitrines des agences de voyages qui vendent du rêve à l'état pur. C'est cool de partir en vacances tous frais payés par la Justice ! Mais il ne peut pas s'empêcher de se demander d'où viendra le coup tordu. Les petites lignes qu'on ne lit jamais, mais qui font qu'on ne peut pas râler parce que c'était écrit et qu'on a signé.

En bonus, il pourra visiter le pays de ses ancêtres, découvrir sa culture, peut-être même rencontrer des membres de sa famille…

À ce moment précis, Bleu Clair a su qu'il allait le tenter. Parce qu'il n'a rien à perdre, mais tout à gagner. Bon, ça le rend triste de quitter sa famille pour aussi longtemps, mais ils disent tous que « c'est pour son bien ». À force, ils l'ont persuadé !

Même si personne ne l'a dit, ni ses parents, ni les éducateurs, ni même le Juge, il a bien compris qu'ils pensaient tous que c'était s*a dernière chance.* Alors il ne veut pas la rater.

En plus au Maroc, il fait chaud. Pas comme ici, où depuis quelques jours, les températures sont si froides que ce matin, lors du départ, il a bien cru que la neige allait les obliger à renoncer. Mais c'était sans connaître la détermination de Momo.

— Qu'il vente, qu'il pleuve ou qu'il neige, mon p'tit Kyky, tu seras demain soir au départ de Marseille pour attraper ton ferry, direction Tanger, puis Marrakech !

Foi de Momo ! Tiens, enfile ce gilet jaune, comme ça, si on a un problème sur la route, on te verra de loin.

Le petiot n'a pas aimé que son éducateur l'appelle Kyky ! Alors il a pensé : « plus vite on part, plus vite je verrai plus sa face de cul ! » C'est bête, parce qu'en vrai, il l'aime bien Momo. Mais quand il s'énerve, Kylian, il n'arrive plus à réfléchir !

Pour bien signifier à son référent qu'il lui avait déplu, il a fait semblant de dormir pendant tout le trajet. Pourtant, il voyait bien à travers ses paupières mi-closes que les conditions météo se dégradaient. Quand il a senti la voiture déraper sur la droite, il s'est redressé en serrant la main de Momo. Elle était crispée sur le volant, mais ça ne l'a pas empêché de lui lancer d'un air confiant :

— Ça va aller, Kylian !

Au moins il l'appelle par son prénom, c'est déjà ça de gagné !

L'éducateur allume l'autoradio, juste au moment du flash de 13 heures. Le présentateur informe que tous les conducteurs de l'A40 doivent interrompre leur trajet parce que l'autoroute ferme.

— C'est nous, ça, non ? demande-t-il d'une voix blanche à Momo.

Qui confirme de la tête.

— Mais j'ai un karma trop pourri ! À tous les coups je vais rater mon bateau pour Marrakech avec ces conneries !

— On reste calme. On suit les consignes. Pour l'instant, ce n'est qu'un contretemps. À ce stade, rien ne dit que tu ne seras pas à l'heure au départ. Prends ça comme une nouvelle aventure.

Ils quittent l'autoroute dans un silence glacial. Lorsqu'on leur remet leurs Moon Boots, Momo tente une boutade pour réchauffer l'atmosphère :

— Avec ces pompes, tu vas lancer une nouvelle mode au Maroc, en lui tendant d'horribles bottes bleu clair, tandis qu'il prend des bleu marine à sa taille.

— Si tu crois que je vais porter ces godasses de gonzesse, siffle-t-il entre ses dents.

Comme son mécontentement ne lui paraît pas assez explicite, il se met à hurler de rage, en lançant de toutes ses forces des boules de neige sur la voiture. Il a l'air d'un fou avec son gilet jaune phosphorescent et ses gestes désordonnés…

Sans dire un mot, Bleu Marine le contient physiquement. On dirait qu'il a fait ça toute sa vie !

6

VERT ET KAKI

Plus loin un couple de bottes, bien ancrées dans le sol, à égale distance les unes des autres. Vertes et kaki. Elles appartiennent à un couple de sexagénaires aux cheveux argentés qui devise tranquillement. Un sourire relève les coins des lèvres de Vert, tandis que les yeux de son interlocuteur pétillent de vivacité. D'après la manière dont leurs pieds se font face, avec respect et complicité, je devine que ces deux-là partagent leur vie depuis bien longtemps. J'imagine que nos pieds, à Violaine et moi, se tenaient comme ça, eux aussi. Se suffisant à eux-mêmes.

Chassant un long soupir mélancolique, je m'efforce de revenir à Vert et Kaki.

C'est la première semaine de retraite du mari. Il semble entre deux eaux. N'ayant pas encore totalement quitté le rythme effréné de la vie active, mais prêt à entrer dans une nouvelle dimension sans contraintes. Il n'aurait pas imaginé recevoir une paire de Moon Boots kaki pour l'occasion. Comme elle l'a précédé de trois mois, sa femme sait exactement par quels sentiments ambivalents il va passer. Depuis trente-neuf ans qu'ils forment un couple solide, ils ne peuvent rien se cacher ! Bien sûr, après une carrière à l'Éducation Nationale comme documentaliste, il éprouve des envies d'ailleurs, mais elle sait qu'on ne quitte pas une profession passionnément aimée, sans un brin de nostalgie. Alors, pour l'aider à tourner la page en douceur, elle a organisé leur départ immédiatement après Noël. Afin de se dépayser dans leur maison de Soudorgues, dans les Cévennes. Pour une fois ils ne sont pas contraints par la rentrée scolaire. Ils s'y laisseront vivre jusqu'à ce que leur Bas-Rhin natal les appelle à rentrer. À moins que ce ne soient leurs enfants, en panne de nounou pour garder les petits ! Vert imagine qu'ils y seront le 27 décembre, pour fêter le quatrième anniversaire de leur rencontre avec leur protégée, Fanta, une jeune femme burkinabée. En décembre 2017, ils participaient à des maraudes bénévoles, organisées par des villageois pour venir en aide aux migrants. Il s'agissait de recueillir des clandestins qui franchissaient à pied et de nuit la frontière italienne. Le 27 décembre, par une nuit glaciale, une toute jeune femme s'est écroulée à ses pieds. Elle grelottait de froid et d'épuisement. D'un regard, ils se sont mis d'accord pour la ramener chez eux. Et la remettre d'aplomb. Elle a dormi pendant quarante heures, ouvrant de temps en temps un œil pour les remercier avant de se rendormir d'un sommeil agité. À son réveil, Fanta leur a expliqué qu'à dix-neuf ans, elle avait quitté Bobo Dioulasso pour rejoindre un homme rencontré sur Internet. Gérant d'un hôtel à Nîmes, il lui avait proposé de l'embaucher comme femme de chambre… et plus si affinités. Elle ne doutait pas qu'il y aurait affinités.

Sur le trajet, la jeune Africaine avait eu affaire à un réseau de passeurs qui avaient abusé de sa jeunesse et de sa vulnérabilité. Violée plusieurs fois, elle était enceinte de cinq mois lorsque le couple l'a recueillie. Elle nourrissait des pensées ambivalentes à l'égard de ce petit être qui s'annonçait. Elle lui en voulait de contrecarrer ses plans. De compromettre ce pour quoi elle avait eu le courage de tout quitter. De lui rappeler aussi qu'elle avait subi des crimes.

Mais en même temps, la jeune femme se réjouissait de donner la vie. Elle pressentait qu'elle trouverait dans la maternité l'amour inconditionnel qu'elle cherchait depuis longtemps. Le pilier qui lui manquait aussi, pour se fixer. La réussite de ce projet-là ne dépendrait que d'elle. Ce serait le but de sa vie.

Tandis que Fanta leur racontait son histoire, Vert sentait que sa vocation d'assistante sociale ne l'avait pas quittée. Elle s'est fait le devoir de protéger cette toute jeune adulte qui se confiait à eux. Elle ne s'est pas dérobée, en sachant que son mari la soutiendrait.

Celui-ci a eu l'élégance de ne pas lui rappeler qu'à peine trois mois auparavant, leur dernier fils étudiant avait pris son envol vers une carrière prometteuse. Qu'ils s'étaient alors réjouis de vivre enfin pour eux. Que s'occuper de Fanta et son enfant comme elle l'envisageait, leur remettrait un fil à la patte pour plusieurs années. Mais on ne se refait pas : elle ressentait le besoin impérieux d'aider.

Quand la jeune migrante a informé son hôtelier nîmois de sa grossesse, il s'est mis aux abonnés absents. Exit le projet de femme de chambre et de grand amour ! Peu encline à se morfondre, elle a accepté la proposition de rester dans la maison de Soudorgues pour s'en occuper en leur absence.

Ils y reviennent lors de chaque période de congés et, le hasard ayant décidément plus d'un tour dans son sac, ils venaient d'arriver pour les vacances de Pâques lorsque Fanta avait ressenti les contractions annonciatrices de la naissance, le 22 avril 2018. Pile à temps pour la conduire à la maternité. Vert avait établi avec sa protégée un lien quasi filial, si bien qu'elle ne s'est pas étonnée que Fanta lui demande d'assister à son accouchement.

Elle a même coupé le cordon ombilical du vaillant poupon de 3,7 kilos. En guise de reconnaissance, Fanta lui a composé un prénom avec celui de son mari : Issa-Jacques.

La maison de Soudorgues résonne à nouveau de rires et de cris joyeux, comme lorsque leurs enfants étaient petits. En soutenant Fanta dans sa maternité, Vert pouponne à loisir, ce qui compense son syndrome du nid vide, dû au départ de ses propres enfants vers leurs vies d'adultes.

Tout à sa hâte de retrouver ses petits protégés, elle n'a pas réalisé que les conditions météos se dégradent. C'est la voix blanche de son mari qui lui en fait prendre conscience.

— J'ai du mal à tenir le volant, tant le vent souffle ! Je crois qu'il serait plus prudent de s'arrêter le temps que ça passe.

— Tiens bon, chéri, tu t'inquiètes sûrement pour rien. Météo France n'a annoncé qu'une brève averse, sans émettre de bulletin d'alerte. Dans quelques kilomètres ça ira mieux. Imagine la joie de Fanta et Issa-Jacques quand ils nous verront arriver !

Pourtant, quelques kilomètres plus tard, leur immobilisation totale sur la voie de droite vient à bout de son optimisme. Son mari a raison. Ils ne peuvent pas continuer ! Résignés, ils suivent lentement les traces des véhicules qui les précèdent.

Sortant de leurs véhicules, ils sont accueillis par une femme souriante leur tendant deux paires de bottes. Une verte en 37 pour elle. Et une kaki pour le 44 de son mari.

7
L'ARCHE DE ROSE

Rouge a un mal fou à enfiler ses Moon Boots à sa fille. L'enfant est si tendue qu'elle n'arrive pas à lui faire plier les genoux. Tout son être est contracté par cet arrêt imprévu qui la sort violemment de sa zone de confort. Sa rassurante anticipation. Ses jambes se balancent de manière mécanique telles des branches bercées par le vent, au même rythme que son buste, tandis qu'elle émet des sons monocordes aigus et de plus en plus forts. Au risque de recevoir ses pieds dans le nez, la mère s'obstine à lui enfiler ces foutues bottes, pour éviter que l'épaisse couche de neige ne la mouille jusqu'aux genoux. L'obligeant alors à ouvrir la valise fermée la veille avec grand mal pour en retirer des habits secs. Vu le temps qu'elle a mis pour assembler les deux parties du bagage, l'option de le rouvrir ailleurs que sur le sol canadien, est inenvisageable. Impossible aussi de porter Rose jusqu'à l'intérieur, car sa crispation multiplie son poids au moins par dix. Elle n'a jamais été bonne en maths, mais elle sait qu'elle ne pourrait pas la soulever. Elle n'a pas d'autre choix que de lui mettre de force cette satanée paire de Moon Boots. Elle finit par prendre un coup de pied dans le menton. La douleur est forte, mais elle la ravale. Ne pas perdre l'objectif de vue. Enfiler ces godasses aux pieds de sa fille en crise. Elle espérait que la couleur lui plairait et dévierait son attention, mais cela ne fonctionne pas. Couleur rose ou jaune pipi, sa tentative de distraction s'avère vaine. Elle en est là lorsqu'elle entend des cris — plus graves — de quelqu'un qui semble autant en détresse que sa fille. C'est bête, mais ça lui remonte le moral. Ne pas être la seule à se battre contre un humain en crise.

Bleu Marine peut bien dire que c'est un tout petit incident de parcours. Qu'ils repartiront vite pour arriver à Marseille demain comme prévu, à l'heure pour le départ du bateau. Mais Bleu Clair ne parvient pas à le croire. Depuis qu'il l'a appelé Kyky, il se méfie. Alors il peut lui inventer tous les bobards qu'il veut pour le rassurer, le gosse a l'air décidé à se carapater au plus vite de cette salle des fêtes. De rage, il lance des boules de neige sur la voiture du foyer. Celle où c'est écrit en gros le nom du CER. Pour la discrétion, c'est pas trop ça. Comme disait une publicité, c'est comme le Port Salut, c'est écrit dessus !

Pour le calmer, Bleu Marine le ceinture entre ses bras. Du coup, Bleu Clair crie comme un putois. Pour qu'il le lâche. Mais Bleu Marine tient bien, le bougre. Avec ses biceps qui font chacun la taille des deux cuisses du gosse, l'éducateur devait être champion d'haltérophilie dans une autre vie ! Bleu Clair sait bien qu'il n'aura pas le dessus, mais il se dit qu'en hurlant de toutes ses forces, quelqu'un viendra voir ce qu'il fabrique. Et alors il inventera un bobard dont il a le secret en disant qu'il a été kidnappé.

À ce moment, Bleu Clair croise le regard d'une fille-arbre. C'est l'image qu'elle lui inspire, tant elle est raide. Une femme essaye de lui enfiler de force une affreuse paire de bottes roses, qu'elle n'a manifestement aucune envie de revêtir. Alors il relativise. Et il arrête de gueuler. De surprise, Bleu Marine le lâche et il en profite pour filer voir la gamine. Elle, elle crie toujours.

— Pourquoi vous la torturez c'te p'tite ? Vous voyez bien qu'elle n'en a rien à carrer de vos Moon Boots ? Déjà qu'elle n'a pas l'air bien normale, c'est pas la peine d'en rajouter avec ces mochetés !

— T'as raison mon grand, ma fille n'en a rien à carrer de ces godasses. Ni moi non plus d'ailleurs. Je voudrais juste qu'elle se mette à l'abri de cette putain de neige, avant d'être trempée et d'attraper la mort. Pour l'instant, avec ou sans pompes, c'est pas gagné !

Personne ne l'a jamais appelé « mon grand ». Il a beau être un dur, ça le touche ! Tout à coup, il a une idée. Il retourne voir Bleu Marine — soulagé de voir qu'il n'a pas tenté une fugue par l'autoroute barrée aux véhicules, mais pas aux piétons — et lui suggère de porter Rose jusqu'à l'intérieur. La mère n'en croit pas ses yeux en voyant sa fille se laisser soulever par un inconnu. Dans les grands bras de Bleu Marine, elle semble encore plus minuscule ! Et encore plus raide. Bleu Clair voit que la dame aux bottes rouges est soulagée. Elle a même les larmes aux yeux, quand elle lui dit qu'il a eu l'idée du siècle ! Bleu Clair, il n'en demande pas tant. Il se demande seulement comment elle a conduit jusqu'ici avec son enfant-arbre qui hurle non stop.

Pourtant sa bonne idée ne se montre pas longtemps efficace : à peine redescendue des bras du grand Bleu Marine, la petite se remet à hurler en mode sirène stridente, à vous péter les tympans.

Aussitôt, deux femmes — une grosse et une maigre — se précipitent pour tenter de la calmer. Elles ne se connaissent pas, pourtant l'une finit les phrases de l'autre. Ça donne :

— Eh bien mon petit ! Il ne faut pas pleurer comme ça !

— Il va revenir ton papa ; avec ses gros biscotos, il va encore te porter pour te faire rire aux éclats.

Ça amuse Bleu Clair qu'elles n'aient rien compris. Elles prennent Bleu Marine pour le père de la petite ! Comme s'il pouvait avoir un gosse celui-là… Mais pour de vrai, il n'en sait rien. Peut-être qu'il en a des enfants. Enfin des à lui, parce que parfois au CER, on pourrait croire qu'ils sont tous ses gamins, tellement il est sympa !

— Ah tu vois, c'est mieux quand tu pleures plus

— Au moins on peut se présenter : moi je m'appelle Annie, dit celle que Bleu Clair désigne par « la grosse ».

— Et moi, Nathalie, ajoute celle qu'il trouve maigre.

— Ben moi, ze vais t'appeler « Fuchsia », comme la couleur de tes saussures. Et toi, tu seras « Bleu Clair » ! réagit la petite fille dont la voix ne sanglote même plus. Avant de désigner logiquement Momo par « Bleu Marine » et Annie par « Vert », du nom de la couleur de leurs Moon Boots.

C'est amusant, ça, la petite Rose a eu la même idée que moi : nommer ces inconnus par la couleur de leurs chaussures !

À bien y regarder, Fuchsia et Vert se ressemblent légèrement, grâce à leur joli sourire et à leurs yeux tout doux qui leur donnent un air si gentil.

8
À LA RESCOUSSE

Quand elle voit cette fillette dans tous ses états, Vert ne peut s'empêcher de la rejoindre. Elle laisse son mari en plan, avec leurs quelques affaires sorties de la voiture à la hâte, pour tenter d'apporter son aide. Même retraitée, elle reste fondamentalement assistante sociale. Elle connaît si bien son mari qu'elle imagine sans se retourner son air déboussolé, puis le mince sourire naître sur ses lèvres quand il comprend ce qui l'anime. Elle n'y peut rien, elle, les oisillons tombés du nid, ça l'attire plus sûrement qu'un aimant. C'est comme ça que leur Fanta est entrée dans leur vie.

Forcément, avec ses bottes, elle ne marche pas vite. Elle a trop peur de glisser sur les traces mouillées, laissées au sol par ses compagnons d'infortune.

À la manière dont la petite tape dans ses mains, elle comprend vite qu'elle souffre d'un Trouble Envahissant du Développement. Elle a croisé dans sa carrière plusieurs enfants qui en étaient atteints. Leurs crises sont irrationnelles, difficiles à canaliser. Elle sait la souffrance et l'épuisement de leurs accompagnants. Elle ressent une bouffée d'empathie pour la maman. Elle semble aussi calme que sa fille semble perturbée. Bien qu'elle conserve une voix posée, Vert devine au léger tressaillement de sa lèvre supérieure, la tempête émotionnelle qui traverse la jeune femme aux bottes rouges. Un rapide coup d'œil aux alentours lui confirme que mère et fille voyagent seules. Il faut qu'elle prenne le relais. Qu'elle lui permette de décompresser. Le droit au répit, ça s'appelle, dans son jargon. Misant sur l'effet de surprise, Vert s'adresse à l'enfant à voix basse :

— Eh bien mon petit, il ne faut pas pleurer comme ça !

Contre toute attente, c'est elle qui est surprise, en entendant dans son dos, une voix renchérir sur le même ton :

— Il va revenir ton papa ; avec ses gros biscotos, il va encore te porter pour te faire rire aux éclats.

En se retournant, Vert voit une femme aux cheveux grisonnants, à l'allure chétive, portant des bottes Fuchsia, les rejoindre dans un sourire, appuyée sur une béquille. Elles n'ont pas la même analyse, mais leurs intentions semblent les mêmes. Se rendre utiles. Considérant qu'elles ne seront pas trop de deux pour calmer la petite, Vert s'écarte volontiers pour laisser

Fuchsia accéder à l'enfant. D'un geste sûr, elle lui pose une main sur le front et l'autre sur le poignet. Comme si elle cherchait à lui prendre le pouls. Puis elle chuchote :

— Je m'appelle Nathalie. On va passer un moment ensemble. Tu en as de la chance : plein de gens prennent soin de toi. Est-ce que tu veux un chocolat ? lui demande-t-elle en lui présentant une boîte de pralinés.

Vert sait qu'elle va bien s'entendre avec Fuchsia. Certaines rencontres sont des évidences. Où l'on perçoit d'emblée une complicité. Un lien mystérieux dès le premier regard. Ses gestes et ses mots ont raison des cris de la petite fille. Rose se décrispe progressivement. La mère leur adresse un regard de gratitude. Ses épaules s'affaissent dans un long soupir de soulagement.

Vert félicite chaleureusement Fuchsia pour son intervention par une accolade qui la fait vaciller.

9
LE JEU DE LA BOUTEILLE

— Maman, viens t'asseoir, maintenant. Regarde, je t'ai servi un café, supplie une jeune femme aux cheveux courts portant des lunettes argentées et des bottes mauves, en s'adressant à Fuchsia.

Bleu Clair trouve ça bizarre, parce qu'elle est debout depuis moins de cinq minutes. En même temps, elle a l'air si fragile. Dehors, une bourrasque de vent pourrait la renverser !

Après s'être assurée que la petite ne pleurait plus, Fuchsia rejoint sa fille de bonne grâce, non sans demander au petit groupe, si quelqu'un veut partager un café avec elles. Ou goûter un petit chocolat. Comme Bleu Marine, Rouge et Vert acceptent, tout ce petit monde s'installe en cercle autour d'elles.

Le stress est retombé et le gamin se dit qu'il va peut-être passer un bon moment, finalement. À condition que ce ne soit pas trop long ! Parce qu'il a un bateau à prendre. Et un pays à découvrir. Sans compter qu'il a bien l'intention de se trouver aussi lui-même pendant ce séjour.

Bleu Marine reprend ses habitudes d'éducateur : la cohésion de groupe, il connaît bien. Alors il propose que chacun se présente. Pour faciliter les échanges, il fait tourner une bouteille en plastique au milieu du cercle, en expliquant que la personne devant qui le goulot s'arrêtera commencera. Ça tombe sur la maman de la petite. Je ne comprends pas bien leurs prénoms, mais ce n'est pas grave, parce que pour moi, elles sont « Rouge » et « Rose ».

Rouge raconte pourquoi elle a pris la route aujourd'hui. Combien ce voyage est important pour elles. Tout ce qu'elle attend de sa rencontre avec le médecin québécois. Bleu Clair a déjà entendu le mot « autiste ». Mais pour lui, ce sont des personnes handicapées, peinant à se déplacer et ne pouvant pas s'exprimer. Il croit même qu'elles bavent. Mais pas Rose. Il réalise alors qu'il existe plusieurs degrés dans l'autisme. Il l'observe à la dérobée. Elle a l'air sereine et ne ressemble plus à la furie qu'elle était il y a quelques minutes.

Rouge saisit la bouteille qui s'arrête maintenant devant Fuchsia. Cette femme n'a pas l'air d'aimer parler d'elle, car elle commence par présenter sa fille. La jeune femme aux cheveux courts. Mauve. Heureuse maman d'une petite Gabrielle qui fêtera son premier anniversaire le 28 décembre. Dans deux jours. Voilà pourquoi elles n'ont pas hésité à partir malgré les mauvaises conditions météo. La mamie va serrer sa petite-fille dans ses bras pour la première fois. Je ne sais pas trop pourquoi. J'ai dû décrocher. Ah oui, Fuchsia dit aussi qu'elle était aide-soignante. Ça ne m'étonne pas, il y avait du savoir-faire dans ses gestes tout à l'heure. Bleu Clair comprend pourquoi ça a été si fastoche pour elle de calmer Rose alors qu'ils galéraient tous.

Quand elle a dit ça, la dame à sa gauche — Vert — a hoché la tête d'un air entendu. J'aurais pourtant juré qu'elles ne se connaissaient pas avant d'entrer dans cette salle des fêtes.

C'est maintenant au tour de Bleu Clair de se présenter. Il a l'air d'avoir les pétoches. Certainement qu'il ne veut pas se vanter des raisons qui l'ont amené ici. Mais il ne peut pas non plus les passer sous silence, à cause de son éducateur. Heureusement, Jaune et Orange, les deux filles mignonnes, repérées en arrivant, ne l'entendent pas. Une blonde et une brune. Ça lui enlève un peu de pression. Allez, un-deux-trois, il se lance.

— Moi c'est Kylian. Mais pour la petite, là-bas je suis Bleu Clair. Et ça me va bien ! J'ai quinze ans et demi. Presque seize. Je viens de Mulhouse. Mais en ce moment, je vis près de Strasbourg. J'ai fait pas mal de conneries dans ma vie. J'ai pas écouté les bonnes personnes. Mais là, ça va changer. Parce que j'ai un super projet. Je pars au Maroc. Vivre une aventure humaine — en tout cas c'est comme ça qu'on me l'a vendu, il rajoute avec un clin d'œil en direction de Bleu Marine. Et aussi découvrir mes racines. J'espère que ça va m'aider, parce que j'ai carrément envie de devenir quelqu'un de bien !

Quand il se tait, il y a un grand silence. Un nuage de poussière a dû passer au-dessus de leur petit groupe, parce qu'ils sont plusieurs à avoir les yeux rouges. Dont le grand costaud aux bottes bleu marine. Comme Bleu Clair ne sait plus quoi dire, il donne une pichenette dans la bouteille. Elle s'arrête pile devant son éducateur. Le môme a l'air content. Il doit avoir envie de le connaître davantage.

Bleu Marine commence en s'éclaircissant la voix. Sans doute un peu de poussière qui lui est tombée dans la gorge. Il dit qu'il s'appelle Morand, mais que tout le monde l'appelle Momo. À ces propos, on dirait que Bleu Clair a arrêté de respirer. Lui qui hésitait entre Maurice et Mohammed. Il n'aurait jamais pensé à un prénom si bizarre ! Bleu Marine précise que ça veut dire mer en celte et que son grand-père porte le même prénom. Il a 29 ans. Vit en colocation avec son meilleur pote, qui est éducateur canin. Lui il est éducateur aussi, mais version humains. C'est sa vocation et ça le fait se sentir utile. En remettant sur la bonne voie des jeunes qui se sont plantés de trajet. Dont Bleu Clair. Mais ça, il a l'élégance de ne pas le dire. Avant de finir, il dit légèrement trop vite qu'il est célibataire. Et je jurerais qu'il lance un coup d'œil à Rouge. Comme pour s'assurer qu'elle a bien entendu. Au même moment, elle, elle plonge les yeux dans les cheveux de sa fille.

Le gosse a aussi surpris cet échange de regard. Il se dit qu'il va proposer à son éduc des capotes qu'il a apportées pour le Maroc. On n'est jamais trop prudent ! Comme ça s'il veut conclure, il sera équipé.

En tout cas il n'avait pas tout faux, il pensait bien qu'il n'avait pas d'enfants, Momo.

La grosse dame — comme dit Bleu Clair — ne s'est pas encore présentée. Moi, je vais dire Vert, c'est moins péjoratif. Mais ils ont beau faire tournoyer la bouteille l'un après l'autre, elle ne s'arrête jamais devant elle. Comme il faut bien prendre des initiatives, Bleu Clair se lève puis place le goulot, pile devant les Moon Boots vertes. Ça fait rire tout le monde. Elle a pris sa retraite il n'y a pas longtemps. Avant, elle était assistante sociale. Mais elle sait qu'elle le sera toujours.

Bleu Clair comprend pourquoi il trouve qu'elle ressemble à Fuchsia. Parce que toutes les deux, comme Bleu Marine, elles ont choisi un métier d'aide à la personne. Ça se voit sur leurs visages qu'elles sont préoccupées par les autres.

Vert et son mari — dont les bottes sont kaki — étaient en route pour leur maison secondaire dans les Cévennes. Ils avaient hâte d'y retrouver une fille qui s'appelle Fanta.

À l'air étonné de Bleu Clair, j'imagine qu'il ne savait pas que c'était un prénom, mais croyait que c'était une boisson. Comme le Coca. Cette pensée me donne drôlement envie d'en boire, du Coca, d'ailleurs.

Ils l'ont recueillie alors qu'elle arrivait clandestinement d'un pays d'Afrique. Elle a eu un petit garçon dont ils se sentent comme les grands-parents de cœur. Sans cette satanée neige, ils boiraient une verveine devant le feu de leur cheminée, après avoir bordé le petit Issa-Jacques pour sa nuit.

Ça m'amène à penser à ces gestes du quotidien que je n'ai jamais partagé avec mes petits-enfants. Ceux dont mes fils m'ont privé. Comme je ressens une boule au fond de ma gorge, je m'astreins à chasser ces sombres pensées en me concentrant sur le petit groupe.

Quand chacun finit de se présenter, ça fait au moins deux heures qu'on est là. Dehors il y a toujours autant de vent et la neige a recouvert depuis longtemps les traces de pas. Pour amuser la galerie, Bleu Clair dit que, jusqu'au départ, la salle des fêtes deviendra « l'arche de Rose ». Mais au lieu de rire, ils ont tous un sourire attendri. Rouge et Momo lui passent la main dans les cheveux. En même temps. Ça leur donne une décharge électrique ; comme il est juste en dessous, il la sent passer par tout son corps. Son prof de physique dirait qu'il est un bon conducteur !

10
HYPOTHÈSES

Ça m'amuse ces gens de tous âges qui jouent avec une bouteille. On se croirait dans une cour de récré. Tandis qu'au milieu de la salle des fêtes, la partie met une bonne ambiance, j'observe d'autres groupes qui ne se mélangent pas. On dirait les couleurs primaires de ma palette de copiste. Les trois nuances qui ne sont pas miscibles et doivent être achetées prêtes à l'emploi.

Mon regard se concentre toujours à hauteur du sol. J'y vois les bottes jaunes. En remontant vers son visage, je constate que sa propriétaire contemple les participants au jeu avec un mélange de mépris et d'envie. Elle fixe en particulier Bleu Marine et Bleu Clair. J'imagine volontiers qu'elle trouve l'homme plutôt « relou », comme disent les jeunes. En revanche, elle a l'air intriguée par le petiot. Sûrement même qu'elle le trouve beau gosse. Elle doit s'étonner qu'avec son look de mauvais garçon, il suive Bleu Marine comme son ombre. Avec son teint mat, ses cheveux — rasés sur les côtés, frisés sur le dessus — sa cicatrice sur le sourcil, il lui plaît bien. Mais comme elle a choisi de bouder, elle a refusé de participer au jeu. Elle n'a pas pu en apprendre plus sur lui. Pas bien joué sur ce coup-là !

Pour tromper l'ennui, elle se livre à la même activité que moi : observer les gens autour d'elle. À défaut de suivre leurs conversations, imaginer leur vie et la raison pour laquelle ils sont pris au piège de cette foutue neige, dans ce village perdu. Elle commence par étudier Rose. Une sale gosse qui n'arrête pas de chigner. Fille gâtée d'une mère célibataire lui passant tous ses caprices. Elle mériterait la médaille de la patience, avec sa gamine qui se débattait en lui hurlant dans les oreilles ! La mère a dû se prendre des coups perdus. Pourtant elle n'a pas eu un mot plus haut que l'autre. Respect ! Que sa mère à elle ose encore se plaindre ou se vouer à Sainte Patience, les rares fois où elle râle. Elle veut manœuvrer pour que les deux mères discutent. Elle verra bien quelle chance elle a, sa daronne, d'avoir une fille comme elle !

Après s'être lancé des fleurs, Jaune revient à Bleu Clair et Bleu Marine. Décidément, elle n'arrive pas à le lâcher bien longtemps. Elle imagine que le type baraqué est le grand frère du beau gosse. Elle a plus de bol, avec le sien. Parce qu'il n'est peut-être pas fun, mais au moins, il ne se la pète pas. À bien y regarder, ils ne se ressemblent pas beaucoup, quand même, les frangins.

Sûrement parce qu'ils sont demi. Demi-frères, quoi. Un parent en commun, mais pas l'autre. Ça lui rappelle quelqu'un qu'elle connaît bien, mais elle n'a pas trop envie de s'appesantir. Pas besoin de penser maintenant que son père n'est pas son père. Et qu'elle est issue d'une « erreur de jeunesse ». Que son père, dans sa grande mansuétude, a accepté de la considérer comme sa fille. Et surtout que ses parents ignorent qu'elle sait. Parce qu'elle a surpris une conversation entre eux, l'année dernière, alors qu'ils la croyaient en cours. Du coup, elle en a séché quelques autres dans la foulée. Histoire d'accuser le coup ! Voilà c'est dit. Mais pour quelqu'un qui ne voulait pas s'appesantir, elle s'égare. Donc elle revient à ses moutons.

Quelle peut bien être la raison de leur présence, à ces deux-là ? Voyagent-ils pour passer le Réveillon du Nouvel An avec des potes après avoir fêté Noël en famille ? Elle imagine les recommandations des parents quand ils les ont laissés partir :

— Tu fais bien attention à ton petit frère, hein ! Il n'est pas encore majeur, lui. Ni alcool, ni cigarettes, on est d'accord ! Et vous nous appelez tous les soirs.

Ça lui plaît d'imaginer secrètement la vie de tous ces inconnus.

Comme je la comprends ! Que celui qui n'a jamais imaginé la vie de ses voisins de plage ou des anonymes croisés dans le bus me jette la première pierre !

Ça passe le temps aussi parce qu'elle se demande combien d'heures elle va rester coincée dans ce trou à rats avec tous ces inconnus.

Poursuivant son exploration du regard, elle quitte le petit groupe à la bouteille, pour se fixer sur un amas de personnes, serrées les unes contre les autres. Plusieurs ont les mains sur les oreilles. Elle plisse les yeux pour essayer de les dénombrer. Elle compte dix Moon Boots multicolores et emmêlées. Orange. Corail. Orange. Corail. Cuivré. Saumon. Cuivré. Saumon. Saumon. Saumon. Soit cinq personnes. À moins qu'il n'y ait deux unijambistes.

Ce sont toutes des filles. Qui possèdent les mêmes nuances de blond dans les cheveux. De la plus vieille à la plus jeune. Blonds. Tressés. Comme leurs jambes. Elle tend l'oreille, mais dans le brouhaha ambiant, elle ne comprend rien. Elle a quand même l'impression qu'elles ne parlent pas français. Et qu'elles n'ont pas plus envie qu'elle de se mêler aux autres nazes. À bien y regarder, il semble y en avoir une plus âgée que les autres. Elle le voit parce qu'elle tricote à toute vitesse. Or seules les vieilles tricotent, c'est bien connu !

Jaune ne sait pas depuis combien de temps elle patiente sur cette chaise. Longtemps sûrement, car elle commence à avoir des fourmis dans les pieds. La faim lui tiraille les intestins. Elle pourrait se diriger vers les tables. Histoire de voir ce qu'il y a à béqueter. Parce que ça sent grave bon par là-bas. L'air de rien, elle pourrait essayer de découvrir quelle langue parle la famille blonde. Peut-être même engager la conversation, avec le beau gosse ? Finalement ce stop improvisé ne sera pas aussi pourri que ça.

11

CHAMBOULE-TOUT

Corail parle assez bien français pour leur expliquer la situation. Quand elles comprennent qu'elles doivent s'arrêter en compagnie d'inconnus, ça les inquiète. Après des jours, terrées dans une cave sombre et silencieuse, à guetter le fracas des bombes, c'est violent de se retrouver dans ce bouillon de vies. De bruits. Toutes les quatre ont eu le réflexe de se boucher les oreilles. En se tenant serrées. Seule Cuivré ne semble pas effrayée. Il faut dire qu'elle n'a pas vécu la guerre de près comme elles. Elle n'était pas enfermée dans la cave à compter les détonations. À oser respirer uniquement après avoir réalisé qu'elle n'était pas morte. À prier tout bas pour qu'une bombe ne vienne pas les réduire en poussière. Comprenant leurs angoisses sans qu'elles aient besoin de le lui dire, la grand-mère les aide à apprivoiser leur environnement, en usant d'un bruit familier : le cliquetis de ses aiguilles à tricoter. Celles dont elle ne se sépare jamais. Elle a décidé de fabriquer un bonnet de laine rose, assorti aux Moon Boots de la petite fille qui pleure. Une chance que cette couleur figure parmi les trois pelotes qu'elle a attrapées au hasard, au moment de quitter sa maison. Sa vie. Vert pastel, noisette et rose. Elle offrira ce bonnet à Rose quand elles repartiront. Orange reconnaît bien là sa Babusya. Toujours à penser aux autres, avant elle-même. Pendant que ses aiguilles s'agitent, elle leur chante d'une voix douce les comptines de son enfance. Ça les apaise. En se détendant, Corail desserre son étreinte autour de leurs hanches. Les petites Saumon commencent à s'apaiser. Leur sourire s'agrandit encore lorsqu'elles s'aperçoivent que la console de jeux a voyagé avec elles. J'entrevois quelques absentes parmi leurs quenottes bien ordonnées. Je réalise qu'elles ont perdu les dents symétriques l'une de l'autre. Trop drôle !

Quant à Orange, elle ose un rapide coup d'œil aux alentours. Le temps de repérer une fille et un garçon de son âge. Lorsqu'elle croise un regard, elle replonge bien vite dans le rassurant enchevêtrement des membres de sa famille. Le cœur serré, elle pense qu'il en manque un quand même. Son père, resté là-bas pour défendre leur terre. Résister. Avec la force du désespoir.

Il adorerait cette aventure, lui. Aller vers les autres. Partir à leur rencontre. Partager. Apprendre d'eux. Ce sont ça, ses valeurs. Pas faire la guerre. S'il était là, il l'encouragerait à échanger avec leurs compagnons d'infortune. À proposer son aide à la petite fille qui pleure. À ne pas rester sur son quant-à-soi.

Encouragée par cette pensée, Orange se lève. Elle marche en fixant ses pieds quand elle percute quelqu'un. Ce qu'elle voit en premier, ce sont des Moon Boots. Jaunes. En relevant la tête, elle se trouve face à une fille de sa taille. Elle ne comprend pas un mot de ce qu'elle dit, mais Jaune se tient le bras avec une moue mécontente. Elle a dû lui faire mal. Orange la laisserait bien plantée là pour retrouver Babusya, sa mère et ses sœurs, mais ce ne serait pas très courageux. C'est à dire pas digne de son père. La jeune fille prend un air navré, puis frappe sur sa poitrine en énonçant son prénom. Elle espère que Jaune va comprendre qu'elle essaye de se présenter.

Ça n'a pas l'air gagné, car Jaune continue à vociférer. Alors, pour qu'elle comprenne bien, Orange lui parle en ukrainien.

— Вибачте, що завдав вам болю. Мене звати Свелтлана. Я родом з України.[1]

Ça n'aide pas franchement, car maintenant Jaune la regarde avec des yeux ronds comme des soucoupes. Au moins, elle arrête de se frotter le bras en criant. Orange lui fait signe de ne pas bouger et court vers sa mère pour qu'elle vienne traduire. Ce faisant, elle se cogne de nouveau à quelqu'un. Elle voudrait faire exprès qu'elle n'y

---

[1] « Je suis désolée de t'avoir fait mal. Je m'appelle Sveltana. Je viens d'Ukraine. »

arriverait pas ! Championne du chamboule-tout vivant ! Cette fois, c'est un garçon qu'elle manque de renverser !

Orange se sent rougir comme une tomate ! Si elle pouvait s'enfouir sous la terre, elle le ferait. Vite, rejoindre sa famille pour ne plus bouger jusqu'à ce qu'on remonte dans la voiture.

12
CASQUE BLEU

Dans cette salle, quand les cris se calment dans un coin, ça repart dans l'autre ! Maintenant que la petite Rose ne hurle plus, Bleu Clair repère deux filles de son âge qui se crêpent le chignon. L'une vocifère tandis que l'autre semble pétrifiée. Il prend le temps de revêtir son Casque Bleu — ou plutôt sa casquette Nike — avant de rechercher la cause de cette altercation. En se rapprochant, il voit la brune qui crie et gesticule en se frottant les côtes. L'autre, blonde (mais « sans forte poitrine », il se dit pour la blague), se tape le thorax avec conviction en prenant un air désolé. Selon la méthode de la petite Rose, il les surnomme Jaune et Orange. Comme la couleur de leurs bottes. Il se demande ce qu'elles fabriquent. Il réalise qu'Orange ne parle pas français.

— Mais comment elles peuvent s'engueuler sans se comprendre ? se demande Bleu Clair quand il se prend en pleine face Orange détalant tel un lapin pris dans les phares d'une voiture. Le choc lui coupe le souffle. Et le caquet. Le temps de reprendre ses esprits que la fille rougissante est déjà repartie.

— Quel danger public, cette meuf ! le prend à partie Jaune, bien contente de trouver ainsi une occasion d'engager la conversation. Elle attend que Bleu Clair confirme, mais omet de lui demander comment il va après le choc.

— Moi aussi, elle m'a foncé dessus avant de me laisser plantée là, sans une excuse. Mais elle a baragouiné un truc que j'ai pas pigé.

— Je crois qu'elle ne parle pas français, non ?

— Ah c'est ça ? Ben elle avait qu'à le dire !

— Tu reconnaîtras que c'est compliqué, si elle ne parle pas français…

— Ah ouais, pas bête ! Au fait, je m'appelle Inès.

— Moi c'est Kylian. Mais tu peux m'appeler Bleu Clair. Parce que j'ai reçu des grolles de cette couleur. On est dans la même galère, on dirait.

— On a un autre point commun : on est victime de la même tornade Orange !

Tandis que l'énervement de Jaune disparaît brusquement, leur conversation est interrompue par Corail, la mère d'Orange.

— Excusez me de vous déranger. Ma fille est trop désolée d'avoir bousculé vous. Elle espère pas avoir fait du mal à vous. Nous venons d'Ukraine. Elle a 15 ans. Peut-être vous pouvez être amis ensemble ?

Bleu Clair trouve la démarche assez classe. Comme il écoute souvent les infos, il sait qu'une guerre a éclaté en Ukraine depuis quelques jours. Si ça se trouve, Orange et sa famille sont venues se réfugier en France.

— Viens, on va la voir ! La pauvre, elle n'ose plus bouger. Elle a peut-être vécu des événements horribles dans son pays.

— Mais comment tu vas lui parler, gros bêta ? Je te rappelle qu'elle pige rien au français.

Jamais à court d'idées, Bleu Clair dégaine son Smartphone, puis active l'application Google Translator. Jaune, qui ne trouve rien à répliquer, le suit de mauvaise grâce vers Orange, en qui elle voit désormais une rivale.

Au début, l'ambiance reste froide entre les filles. Bleu Clair essaye de détendre l'atmosphère en lançant une ou deux vannes, mais le temps de la dicter à Google, ça retombe à plat. Du coup, il rame pas mal. Tout à coup, Orange lui prend le portable des mains. Dictant des syllabes incompréhensibles, elle leur livre sans aucune timidité le récit de sa vie dans la cave. À Marioupol.

Bleu Clair éprouve de la peine pour cette fille de son âge qui a vécu la guerre pour de vrai. Et qui a dû fuir pour sa vie. En laissant son père là-bas ! Il n'ose pas imaginer ce qu'il ressentirait si son père était au front. Sûrement qu'il aurait peur en permanence. Il la trouve super forte, Orange ! Elle arrive même à sourire. D'ailleurs il la trouve plutôt canon avec ses tresses blondes en chignons symétriques et sa fossette sur le menton. Il comprend mieux son air apeuré maintenant. Ainsi que sa fuite quand elle lui a foncé dedans. La neige, ça doit bien être le cadet de ses soucis !

Jaune semble aussi pleine de compassion. Elle s'est détendue et n'a plus d'éclairs de colère dans les yeux. Du coup Bleu Clair peut voir qu'ils sont d'un joli marron. Avec comme du jaune au milieu. Assorti à ses Moon Boots, qu'il se dit. Elle a passé la main autour des épaules d'Orange. Sur le portable qu'elle lui transmet, elle a écrit : ça va aller maintenant, vous êtes en sécurité ici !

L'adolescent trouve qu'il porte bien son Casque Bleu ! Assorti à ses pompes, en plus !

13
ÉDUCATEUR SPÉCIAL

Rose est épuisée par sa crise. Elle a pris Capsule contre elle, puis s'est enroulée dans sa couverture lestée avant de s'écrouler de fatigue. Bleu Marine a aidé Rouge à lui retirer les Moon Boots qu'elle avait fini par enfiler de son plein gré, une fois à l'intérieur. Puis, il l'a bordée avec délicatesse. Comme s'il faisait ce geste tous les jours. Rouge semble bien l'aimer, ce type. Il y a dans sa façon d'être, une douceur, une bienveillance, contrastant avec son physique bodybuildé. Il doit gagner à être connu. Le peu qu'elle en a découvert pendant le jeu de la bouteille lui donne envie d'approfondir. Le coup de jus ressenti quand leurs mains se sont croisées dans la tignasse du jeune Bleu Clair n'y est sans doute pas étranger.

Mais attention, Rouge n'est pas du genre midinette, fleur bleue. Pas du style à s'amouracher en un regard. Les hommes, elle a testé. Plusieurs fois, même. Ça ne s'est jamais bien terminé. Ça l'a vaccinée. Le pire reste celui qui s'est barré en lui laissant un polichinelle dans le tiroir. Médaille d'or de la lâcheté. Elle était tellement dégoûtée qu'elle a pensé à avorter.

Heureusement qu'elle a renoncé et fait la connaissance de sa merveilleuse petite fille. Une tornade d'amour qui est entrée dans sa vie au moment où elle a poussé son premier cri. Elle est si extraordinaire qu'elle a même des petits plus. Qui tiennent en trois lettres. TSA. Depuis sa naissance, Rouge n'a plus qu'un but : la rendre autonome et heureuse. Quitte à renoncer à ses propres besoins. De la seconde où elle ouvre un œil jusqu'à celle où elle s'endort, elle se dévoue à sa fille. Rose est son carburant. Son oxygène. Celle qui a mis des couleurs dans sa vie un peu terne. Elles fonctionnent bien comme ça toutes les deux. Rouge a appris à ignorer les regards apitoyés ou jugeants, lorsque sa petite fait une crise de colère au Supermarché ou au square parce qu'il est l'heure de rentrer. Elle a offert des boules Quiès au voisin acariâtre qui se plaint des nuisances sonores. Elle est infiniment reconnaissante à sa fille d'avoir introduit des nuances dans son quotidien, jusque-là réglé comme du papier à musique.

La mère espère que sa puce intégrera le dispositif expérimental au Canada. Rouge n'hésiterait pas à s'y installer, tant ça lui paraît plein d'espoir. Après tout, personne ne la retient à Sochaux. Juste quelques collègues, pour partager ses pauses repas à l'usine. Sans plus.

Une rencontre, puis quelques mots échangés dans une salle de fête municipale avec un éducateur baraqué au cœur tendre et aux Moon Boots bleu marine n'y changeront rien. Même s'il a un prénom d'origine celte. Comme celui de sa fille. Rien d'autre qu'une coïncidence. Elle ne va pas commencer à y voir des signes du destin, ou autres conneries romantiques.

N'empêche que la manière attendrie dont Bleu Marine regarde dormir la petite la touche. La trouble ? Voilà qu'il l'invite à s'asseoir à l'écart pour ne pas gêner la petite qui dort. Mais pas trop loin, pour pouvoir veiller sur son sommeil. Pile à la bonne distance. Exactement l'emplacement qu'elle aurait choisi.

Sans un mot, Bleu Marine lui prend les pieds pour retirer ses Moon Boots. Elle réalise qu'elles sont rouges. Comme la passion ? Encore un panneau du destin dans lequel elle ne tombera pas. Une facilité à laquelle elle ne se livrera pas. Sidérée, elle lui laisse ses pieds. Il est fétichiste ou quoi ? L'odeur ne doit pas être un cadeau après avoir macéré pendant des heures dans des bottes fourrées. Il va sûrement vite les lui rendre. Pas la peine de s'affoler. Maintenant, il faudrait peut-être parler. Parce que ce silence entre eux commence à devenir gênant. Mais elle rêve ou il commence à lui masser les pieds ? À ce stade, le mec ne doit pas avoir d'odorat ! À tous les coups, il a survécu au Covid-19. Mais n'a pas retrouvé tous ses sens. Au plus fort de la pandémie, elle a appris que ça s'appelait de l'anosmie. Parce qu'elle a une mémoire à la con, elle a retenu ce mot. Alors qu'elle ne parvient pas à mémoriser son code de carte bancaire. Condamnée à des achats sans contacts. Mais comme ils sont limités à cinquante euros, elle est devenue la reine du calcul mental pour les multiples de cinquante.

— Soixante-quinze euros ? Est-ce que je peux vous payer en deux fois, s'il vous plaît ? Avec son plus beau sourire !

Jusque-là, le mot « anosmie » ne lui avait jamais servi à rien. Mais aujourd'hui, dans cette salle des fêtes, elle va peut-être pouvoir le placer.

Bleu Marine est plutôt doué de ses mains. Éducateur et masseur de pieds. Sacrée valeur ajoutée ! Elle se retient de soupirer d'aise. Pas la peine de le laisser croire qu'il lui procure d'agréables sensations. Trop dangereux ! Pourtant, elle doit avouer qu'après cette journée sans fin, la détente qu'il lui apporte n'est pas loin d'être orgasmique. Malgré elle, elle s'abandonne entre les mains expertes. Cela fait si longtemps qu'elle ne s'est pas laissé chouchouter. Elle ne cherche plus à penser. Les pouces qu'il roule entre ses orteils, dans un mélange d'autorité et de délicatesse. Il a du doigté. Ses doigts à elle sont douloureux d'être restés croisés pendant plusieurs heures. Tandis qu'elle s'apprête à sombrer dans un état cotonneux, la voix de Bleu Marine la ramène à la réalité :

— Tu t'en sors comme une chef !

OK, ils en sont là, donc. Il la tutoie. Qu'est-ce qu'elle peut répondre à ça ? De quoi elle se sort bien ? De ses doigts experts ? De ne pas lui tomber dans les bras à l'issue de quelques préliminaires inédits ? S'il croit qu'il va l'attraper dans ses filets, comme ça, il se trompe. Rouge ne veut pas lui manquer de respect, mais elle est mère de famille. Pas une des nombreuses demoiselles qu'il doit charmer en un tour de main, avec ses airs d'acteur de télé-réalité. Tiens, elle l'aurait bien vu participer à l'émission *Secret Story*. « *Sous mes muscles saillants de culturiste, je cache des doigts de fée* ». L'idée lui arrache un sourire. Évidemment, il l'interprète. Et précise sa pensée.

— Avec ta fille, t'es une maman au top !

Alors lui, il ne parle pas beaucoup, mais les quelques mots qui sortent tapent juste ! Pour un peu, ça l'émouvrait presque. Elle entend rarement des compliments. Plutôt « trop fusionnelle », « trop idéaliste », « trop exigeante » ou « pas assez consciente des limites de son enfant », « pas assez informée sur l'autisme », « pas assez dans la réalité »... Elle se raidit pour ne pas sombrer dans le romanesque vulgaire.

Merci Morand !

Pensant que Rouge veut interrompre le massage, il retire vite ses mains.

— Ne crois pas que je masse les pieds de la première inconnue rencontrée dans une salle des fêtes ! Aussi charmante soit-elle, ajoute-t-il dans un clin d'œil qui lui donne envie de se téléporter dans le désert du Sahara pour que sa rougeur ne paraisse pas incongrue. Mais alors ce sont ses Moon Boots qui le seraient ! Tu m'as inspiré ces gestes. J'ai eu envie de te faire du bien. Parce que je devine que tu n'en as pas souvent l'occasion. Je ne te demande rien. Je ne te promets rien. Hormis de partager cette escale improvisée. Et d'en fabriquer un joli moment. À classer dès demain au rayon des bons souvenirs.

Voilà qu'elle frissonne maintenant ! Cet homme est un démon. À cause de lui, elle ressent une multitude d'émotions mises au placard depuis si longtemps. Et qui ne lui manquaient pas. Enfin, c'est ce qu'elle croyait…

Tout à coup, sa fille l'appelle dans son sommeil. Un cri de panique. Capsule s'effraye et en profite pour rejoindre sa panière. L'enfant ne doit plus savoir où elle est. Par un signe, Rouge indique à Bleu Marine qu'elle doit la rejoindre. Comprenant au quart de tour, il s'éloigne discrètement. Elle se glisse sous la couverture de l'enfant pour partager son étroit lit de camp. La moitié du corps dans le vide. Mais peu lui importe. Elle a sa précieuse dans les bras. Et sent avec satisfaction, sa respiration redevenir régulière. Sereine.

14
ALTER EGOS

L'attraction immédiate que Vert a ressentie pour Fuchsia se confirme. Sans s'être jamais vues, elles se reconnaissent. Leurs Moon Boots sont de la même trempe. Toutes les deux, elles sont à la botte d'autrui. Entièrement dévouées.

Elles éprouvent le besoin de s'isoler pour se raconter. Une carrière, une vie au service des autres. Comme de nombreuses mamies fières de leurs petits-enfants, elles partagent des photos sur leurs écrans de Smartphones. Fuchsia ne pose aucune question en découvrant la frimousse canaille du petit Issa-Jacques, parmi les six petits-enfants de Vert. Pas plus que Vert devant les clichés de Gabrielle avec ses deux mamans. Pourtant elle aurait bien envie de savoir.

Avec douceur, Fuchsia relate le Covid-19. L'horreur au Centre Hospitalier de Mulhouse. Les patients qui ne cessent d'arriver avec un mal mystérieux, qu'on pensait cantonné à un territoire lointain. Le branle-bas de combat. La réquisition de tous les bras, de tous les lits. L'annulation des interventions non urgentes. L'installation de l'hôpital militaire sur le parking. Une situation inédite où chacun pare au plus pressé. Où le métier change. Où plus rien n'a de sens. La vie qui s'en va à une vitesse infernale. Les proches, interdits d'accompagner leurs morts. Les derniers mots d'un époux choyé. Les paupières closes d'une mère adorée.

Puis son Covid-19. La chute lente et inévitable vers la réanimation. Sa peur de ne jamais connaître son unique petit enfant. Son entrée dans un autre espace-temps. D'où elle émerge après six semaines d'absence. Ne comprenant pas bien que, dans l'intervalle, elle est devenue grand-mère. Elle a beau dénombrer sur ses doigts, le compte n'y est pas. La grossesse de sa fille n'a pas duré neuf mois. Le bébé est né prématurément.

Elle décrit à Vert son combat pour remonter la pente. Réapprendre les gestes du quotidien. Apprivoiser son environnement. Reconquérir les muscles qui l'ont désertée pendant sa longue période de coma. Puis ce but ultime, cette date, encore lointaine. 28 décembre 2021. Être présente pour fêter le premier anniversaire de Gabrielle. Les pages de l'éphéméride dans sa chambre du centre de rééducation, qu'elle tourne l'une après l'autre, pour se rapprocher de cette précieuse échéance. Coûte que coûte. Comme son Graal personnel.

En écoutant le récit de Fuchsia, Vert est frappée par sa force et sa fragilité. La puissance d'avoir gagné son combat. Mais d'en être sortie vulnérable et affaiblie. Roseau qui plie, mais ne rompt pas.

Elle sait que, quoi qu'il se passe, elle ne renoncera pas. Elle a effectué le plus dur. Après-demain, elle sera à Valence. Elle serrera Gabrielle dans ses bras. Dût-elle parcourir à pied les kilomètres qui les séparent. Sa volonté apparaît sans limite. Comme la sienne ?

Au premier sourire échangé, Fuchsia s'est retrouvée dans la femme aux formes généreuses portant des bottes vertes. L'impression de la connaître sans l'avoir jamais vue. Elle lui raconte sa vocation première d'enseignante. Son désir de transmettre un savoir en école maternelle de zone d'éducation prioritaire. Pour participer au dispositif d'insertion d'une population ébranlée par son parcours migratoire. Utopie de jeunesse qui lui a explosé au visage quand elle s'est retrouvée à changer six heures par jour les couches de gamins de trois ans, pas encore propres. Alors elle a changé de métier. Elle est devenue assistante sociale. Pour être utile. Aussi parce qu'elle avait la capacité à trouver le meilleur dans chacun. À discerner le potentiel. À les amener à se dépasser. Malgré les problématiques se reproduisant de génération en génération, comme un échec des politiques sociales menées depuis des décennies. À se satisfaire de petites victoires : l'obtention d'un titre de séjour, l'insertion professionnelle d'un chômeur de longue durée, la confiance retrouvée d'un adolescent cabossé…

Vert dit les maraudes clandestines auxquelles elle participe avec son mari, pour accueillir des migrants dans leur petite maison secondaire du Gard. Elle raconte son évidence : sa rencontre avec Fanta, la jeune burkinabée. Sa fille de cœur, comme elle l'appelle. Qui lui a donné un petit-fils supplémentaire.

Lorsque, entre elles, les mots ne sont plus nécessaires, Vert et Fuchsia partagent une partie de Scrabble à laquelle elles associent leurs essentiels : le mari de Vert et la fille de Fuchsia. Kaki et Mauve.

Sur son chevalet, Vert forme le mot « anosmie ». Utilisant toutes ses lettres, cela lui rapporte cinquante points bonus ! Elle le place sur une case rose, notée « mot compte double », ce qui lui donne une sérieuse avance sur la victoire. Je ne peux m'empêcher de penser qu'il s'agit d'un étrange clin d'œil à la maladie dont Fuchsia s'est remise. Au tour suivant, celle-ci place aussi un mot de sept lettres. S'appuyant sur le « n », elle forme « généreux ». Avec le X sur la case rouge. Mot compte triple. Elle les bat à plate couture. Ça la rend si heureuse ! Ce fichu virus n'a pas volé tous ses talents.

15
PRÉVENIR

L'horloge murale marque dix-sept heures cinquante. Il paraît désormais évident que nous ne reprendrons pas la route aujourd'hui. Tous mes compagnons de galère semblent le réaliser au même moment. J'observe une frénésie commune à tous : chacun se saisit de son téléphone portable pour avertir un interlocuteur inquiet. Je n'entends pas leurs propos, mais les imagine sans peine en voyant leurs attitudes.

Rouge s'éloigne de la petite Rose. Elle parle avec une main devant la bouche, comme si elle ne voulait pas que sa fille l'entende. Elle doit appeler sa copine. Celle qui doit récupérer le chat. Elle est toute pâle. Sûrement la couleur de sa culpabilité. Elle apprend à son interlocutrice que leur rendez-vous doit être reporté. Le lendemain au même horaire. Heureusement que dans sa grande prévoyance, elle avait prévu de la marge avant le décollage. Soudain Rouge s'échauffe… puis rougit (sans mauvais jeu de mots). Son visage est assorti à ses Moon Boots et, d'aussi loin que je la vois, j'ai l'impression qu'elle va pleurer. Je me demande bien ce qui la tracasse ainsi. Elle me touche cette femme, avec sa farouche volonté de préserver sa fille à qui elle lance des regards inquiets tout en poursuivant sa conversation téléphonique. Si ça se trouve, la copine ne pourra pas récupérer Capsule le lendemain. Elle se retrouve avec un matou sur les bras avant d'embarquer pour le Canada ! Je lui proposerais bien de l'adopter, moi, son chat. Juste pour voir son joli visage apaisé. Mais je ne suis pas sûr qu'on m'accueille à bras ouverts à l'EHPAD des Azalées, si je me pointe avec un compagnon à quatre pattes ! Déjà que je leur ai filé entre les doigts…

Bleu Marine qui se soucie décidément beaucoup d'elle, se rapproche de Rouge, son portable également vissé à l'oreille. Avec toute la délicatesse que ne laisse pas soupçonner son apparence, il lui tend un mouchoir en lui adressant un clin d'œil. Sans pour autant cesser de converser avec son interlocuteur. En plus d'être aussi beau que prévenant, ce jeune homme serait-il polyvalent ? À tous les coups, il négocie que le groupe que doit rejoindre le jeune Bleu Clair diffère son départ. Voire fasse retarder l'appareillage du bateau pour Marrakech. Je me demande bien comment ils pourraient s'y prendre, mais je jurerais que les gens offrant des deuxièmes chances à des jeunes en perdition ont plus d'un tour dans leurs sacs. À moins que Bleu Marine ne rende compte de la situation à son supérieur. Et qu'il entende, impuissant, tous les arguments censés le convaincre de ne pas faire manquer le départ au petit. En premier lieu parce que le lit de Bleu Clair a déjà été réattribué au CEF, à un jeune placé en urgence, le matin même, pour lui éviter la détention.

Tandis que je balaie la pièce du regard, mes yeux s'accrochent sur Jaune. L'adolescente à l'air maussade téléphone, elle aussi. Elle arbore toujours une mine renfrognée. Voilà qu'elle gesticule maintenant. Elle doit râler contre son frère qui prend un malin plaisir à lui décrire, par le détail, la liste des magasins qui soldent dans son coin shopping préféré de Juan-les-Pins. Pour l'énerver davantage, il lui dit qu'il dormira dans son lit, cette nuit ! De rage, Jaune interrompt la conversation en jetant son portable sur son lit. La fougue de sa jeunesse m'amuse. Elle a bien le temps de découvrir qu'il y a plus grave dans la vie que de manquer une bonne affaire !

Plus loin, d'une voix que j'imagine douce, Vert échange avec un interlocuteur invisible. Peut-être Fanta, sa protégée. Elle lui annonce leur contretemps. Un blanc à l'autre bout du fil. La jeune burkinabée accuse le coup. Elle se faisait une joie de les revoir tous les deux. Elle va devoir annoncer au petit Issa-Jacques qu'il ne retrouvera ses grands-parents de cœur que le lendemain. Elle imagine sa déception. Pourtant, avec ses mots, Vert parvient à la réconforter :

— C'est rien ! Vingt-quatre heures de retard, tout au plus ! Demain à cette heure, nous serons ensemble. Nos retrouvailles n'en seront que meilleures. Je vous préparerai un de mes kougelhopfs que tu aimes tant, pour fêter notre arrivée.

Elle sait que cet argument a touché juste. Et se détend imperceptiblement, soulagée d'avoir redonné le sourire à Fanta. Quelle bonté se dégage de cette femme ! Tous ses gestes démontrent à quel point elle est tournée vers les autres. Prête à donner sans compter.

Dans un autre coin, Mauve, la jeune maman, explique à sa moitié qu'elle ne sera pas de retour au moment prévu. Elle se félicite d'avoir tiré son lait en avance pour nourrir la petite Gabrielle. Avec ce qu'elle a prévu, le bébé a de quoi tenir un siège ! Elle a réussi à provoquer un sourire chez son interlocutrice. Elle a toute confiance en sa compagne pour s'occuper de leur fille. À bien y regarder, cette halte contrainte lui offre l'opportunité de passer plus de temps avec sa mère. Car elle ne se berce pas d'illusions, Mauve, elle sait bien que sitôt de retour à Valence, le quotidien reprendra ses droits. La vie avec un bébé n'est pas de tout repos. Alors elle va profiter de cette parenthèse mère/fille avec Fuchsia. Elle lui passe le combiné pour qu'elle entende le bébé. C'est l'heure où Gabrielle pleure beaucoup. L'angoisse de la tombée de la nuit, paraît-il. Mauve observe la magie opérer. Entre sa mère et son enfant qui ne se sont jamais vues, il existe un lien magique. Fuchsia parvient toujours à apaiser Gabrielle avec le seul son de sa voix. Comme si elles partageaient un secret dont les deux mamans seraient exclues. Une expérience de mort imminente, peut-être. J'espère de tout cœur qu'Élodie et Jeanne n'en prennent pas ombrage. C'est si précieux la relation d'un enfant avec son grand-parent.

Inévitablement cela me fait penser à mes propres petits-enfants. Si loin de moi. Avec lesquels je partage si peu. Je crois qu'il s'agit de l'un des plus grands drames de ma vie. Pourtant je suis sûr que mes fils n'ont pas voulu me priver de leurs enfants. Trop pris dans leurs quotidiens, ils n'ont pas réalisé qu'ils s'éloignaient.

Du côté d'Orange, Corail, Cuivré et Saumon, un étrange calme semble régner. J'ai beau plisser les yeux pour être sûr de bien voir, je ne vois personne téléphoner. Parce que personne ne les attend, les pauvres. C'est plutôt elles qui espèrent des nouvelles du père, resté au front. Six jours qu'elles ne lui ont plus parlé ! Alors qu'elles soient à Collonges-sous-Salève ou dans la maison prêtée par leur amie française, cela ne change rien à l'angoisse qui leur tenaille le ventre. Bien sûr, Corail pourrait prévenir son amie de ce contretemps. Retrouver de la légèreté en papotant avec elle. Comme avant. Avant que la guerre ne vienne fracasser leur vie. Exploser leurs certitudes. Bien sûr, elles avaient hâte d'arriver à Belleville-en-Beaujolais. Pour retrouver un semblant de vie normale. Mais leur essentiel se situe tellement ailleurs…

Et le mien d'essentiel, où est-il ? Dans la tombe, avec ma chère femme ? Au bout du monde avec mes enfants ? Entre mes quatre murs blancs ? Ou dans ma tête avec mes souvenirs qui jouent à cache-cache ?

Ma tête, d'ailleurs, me semble de plus en plus lourde. Je bâille à me décrocher la mâchoire. Je sens que ma conscience m'abandonne.

16
FIN DE PARTIE

Je tressaille. Puis me frotte les yeux. J'ai dû avoir une absence. Mais qu'est-ce que je fais là ? Assis sur un fauteuil. Parmi des inconnus. J'émerge lentement… Sur le mur d'en face, je distingue une horloge indiquant dix-huit heures trente. Cet endroit ne ressemble à rien que je connaisse. Trop coloré, trop bruyant pour appartenir à mon environnement habituellement aseptisé. En remettant mes idées en place, je me souviens de l'EHPAD des Azalées. Comme si le désigner du nom de fleurs multicolores pouvait compenser la blancheur terne de ses murs. J'ai lu sur Internet qu'un brillant architecte avait créé un concept d'EHPAD différent. Pensé comme un lieu de vie à part entière. Qu'il construisait l'espace autour du résident. Tout l'inverse des Azalées où le pensionnaire doit s'adapter aux quatre murs de sa chambre. D'ailleurs, m'y suis-je vraiment adapté ? Tout juste ai-je pu accrocher deux toiles, souvenirs de ma vie d'avant. Deux ans que mon nom — Emile Borne — orne la porte de la chambre 127. Deux ans que mon univers coloré s'est mué en une succession de jours identiques. Mornes et sans saveur.

2019, Annus Horribilis, comme dirait la Reine d'Angleterre.

Elle a commencé par mon départ à la retraite, après une carrière de copiste pour le compte de plusieurs musées européens. Sans me vanter, j'avais un sacré talent ! De nombreux collectionneurs me sollicitaient pour reproduire une toile qu'ils ne pouvaient acquérir. Mon solide sens de l'observation m'avait offert un métier passion. Une vie au musée, un pinceau et une palette de couleurs à la main.

Pour réaliser des copies sensiblement identiques aux œuvres originales, je m'imprégnais de la vie intérieure de leurs auteurs. Pendant de longues heures, je les observais grâce à divers documents que mon commanditaire mettait à ma disposition. M'appropriais leur environnement, leurs joies, leurs peines, pour comprendre leurs esquisses. Leurs partis pris. Leurs libertés d'artistes. Décodais leurs intentions, leurs victoires, leurs échecs. Me glissais dans les pensées les plus intimes des Maîtres, afin de les retraduire sur toile. Prélevais leurs souvenirs.

M'infiltrais dans leurs âmes pour en percevoir la substantifique moelle.

Pendant toute ma carrière, je me suis considéré comme un caméléon. Capable de ressentir les émotions traversant l'artiste au moment où il créait son œuvre. Presque d'*être* à sa place. Puis de changer du tout au tout lorsque je m'attaquais à un nouveau peintre. Comme un comédien épouse ses personnages, je ne faisais qu'un avec les génies de la peinture. J'aimais cet état d'excitation dans lequel me plongeait toute nouvelle œuvre !

Quelle satisfaction de se hisser au niveau des plus grands, pour recréer l'émotion et l'harmonie de leurs chefs-d'œuvre ! Tout en y ajoutant ma touche personnelle, issue de mon histoire, de ma sensibilité. Celle qui rendait — paradoxalement — ma copie unique. Quelques-unes ont eu leur petit succès. Notamment celle que j'ai vendue au bénéfice de l'association « les Enfants de Tchernobyl ». Son président m'avait dit que le produit de cette vente avait permis le séjour en Alsace de six enfants pendant un mois ! Ça m'avait rendu si heureux que j'ai répété l'opération pendant dix ans. C'était si satisfaisant que mes copies permettent d'embellir, pour quelques semaines, le quotidien de plusieurs enfants éprouvés par l'explosion de la centrale nucléaire ukrainienne !

Avec l'âge, ma vue de près s'est dégradée. Ma technique s'est érodée. Mes pinceaux sont devenus moins précis. Mes mélanges, moins parfaits. De jeunes copistes ambitieux, désireux d'acquérir leur place m'ont poussé sans ménagement vers la sortie. J'avais soixante-treize ans, je suis parti sans amertume. Heureux d'avoir côtoyé pendant si longtemps des œuvres que j'admirais. J'étais prêt à ramener mes couleurs à la maison. À les partager avec ma chère Violaine pour entamer ensemble la dernière partie de notre vie. Avec elle, je pouvais parler de tout. Ou de rien. Simplement « regarder ensemble dans la même direction », comme disait le poète.

Malheureusement Violaine est décédée le mois suivant. Une bête chute dans la baignoire l'a laissée sur le carreau. Définitivement. Cinquante-trois ans que je partageais ma vie avec cette femme, haute en couleur. Véritable cordon-bleu, elle me mitonnait de bons plats à base de produits de son potager, exceptionnellement productif grâce à sa main verte. Surtout, Violaine voyait toujours la vie en rose. Avec elle, le verre n'était jamais à moitié vide. Elle s'enthousiasmait de tout, enjolivait le quotidien. Elle avait emprunté sa philosophie de vie à Forrest Gump[2], clamant à qui voulait l'entendre « la vie c'est comme une boîte de chocolats, on ne sait jamais sur quoi on va tomber ! ». Heureusement en définitive, qu'elle ne savait pas que c'était sur une banale baignoire enjambée depuis trente ans qu'elle allait tomber !

Mon épouse vouait aux livres la même passion que moi à mes tableaux. Afin de ne cesser de les fréquenter, elle avait embrassé la carrière de documentaliste à l'Éducation Nationale. Pour transmettre le goût de la lecture à de jeunes collégiens. Elle se plaisait beaucoup au

---

[2] Personnage principal d'une comédie dramatique américaine, sortie en 1994, jouée par Tom Hanks et adaptée d'un roman.

collège de notre commune, à deux pas de la maison. Elle avait eu l'idée d'y organiser des défis lecture, en partenariat avec d'autres établissements à travers la France. Combien d'élèves en difficulté avait-elle ainsi raccrochés aux apprentissages en leur insufflant le plaisir de lire ? Combien d'âmes en perdition avait-elle éveillées à la culture ? Depuis sa retraite, Violaine organisait, une fois par trimestre, une escapade en région parisienne où elle faisait son stock de lecture dans une petite librairie de Rungis, découverte sur les réseaux sociaux. Elle y croisait bon nombre de passionnés de livres avec qui elle prenait plaisir à partager ses coups de cœur.

Comme son sourire enjôleur, sa coupe à la garçonne ainsi que ses tenues fantasques toujours agrémentées de violet me manquent !

Quand elle a tiré sa révérence sans préavis, j'ai perdu les pédales. Voir disparaître en si peu de temps les compagnes de mes jours (les toiles) et de mes nuits (ma Femme), c'était trop ! Il paraît que j'ai cessé de m'alimenter. Que je confondais le passé et le présent. Que je ne quittais plus la fenêtre du salon dont je soulevais le rideau sans discrétion, dans l'espoir de voir revenir Violaine. Les voisins se sentaient épiés.

Syndrome post-traumatique, qu'ils ont dit. Aux effets d'une durée indéterminée. Nicolas et Florent, mes fils, installés au Canada et en Nouvelle-Zélande, n'ont pas fait dans la dentelle. En quelques mois, ils ont vendu la maison puis m'ont installé aux Azalées, au bout de la rue. Pour que je garde mes repères.

— C'est pour ton bien, m'affirmaient-ils comme pour

se convaincre eux-mêmes. Moi, j'ai pensé que c'était surtout pour le leur. Ça ne m'a pas trop étonné de Florent, toujours plus préoccupé par lui-même que par quiconque d'autre. Il devait craindre d'être harcelé par mes voisins, à force. Mais Nicolas m'avait habitué à plus d'altruisme. J'avais été fier de lui quand il avait initié une association de tutorat à la Sorbonne où il étudiait, pour accompagner les jeunes premières années fraîchement débarqués de leur province. En hommage à sa bonne idée, l'association avait pris son nom : « la Borne ». Et depuis lors, les jeunes tutorés sont « bornés » par leurs aînés. Il est resté membre d'honneur de « la Borne » et depuis le Québec, il continue à parcourir avec plaisir la gazette de l'association qu'il reçoit à ce titre.

À l'EHPAD, tout n'est pas affreux. J'y apprécie certaines personnes. Comme l'aide-soignante de mon étage ainsi que mon voisin de chambre. La charlotte multicolore protégeant les épais cheveux noirs de la première, m'a tout de suite tapé dans l'œil. Comme un fragment résiduel de ma vie d'avant. La pauvre a vécu un truc pas drôle, elle aussi. Sa sœur jumelle exerce également comme aide-soignante. Mais à l'hôpital de Mulhouse. Où elle s'est dévouée pour les patients atteints du Covid-19. Si bien qu'elle a fini par être contaminée, elle aussi. Elle est tombée dans le coma ! « Mon » aide-soignante en était toute secouée. Je voyais bien qu'elle s'inquiétait énormément. Elle en perdait ses cheveux par touffes sous sa charlotte colorée. Son teint était si pâle qu'elle devenait presque transparente.

Alors, je la faisais venir dans ma chambre sous de faux prétextes pour lui permettre de vider son sac. J'essayais comme je pouvais de lui remonter le moral. Je n'y connaissais pas grand-chose à ce virus venu de Chine, mais à force de me balader sur Internet, j'avais lu des témoignages de rescapés. Sa sœur pouvait — devait — s'en sortir. Parce que ce serait trop injuste qu'elle meure après avoir tant œuvré pour sauver des vies. Moi qui avais navigué parmi le beau, je ne pouvais envisager qu'il en soit autrement…

Il y a mon voisin aussi. Qui porte un drôle de prénom que je n'avais jamais entendu jusque-là : Morand. Je me retrouve dans sa solitude. Pour la noyer ensemble, on se raconte. Je lui parle de mes ingrats de fils et de leurs rejetons que je connais à peine, tant il y a de kilomètres entre nous. Lui me décrit son petit-fils qui lui rend souvent visite, mais qu'il ne voit plus guère. La faute à sa DMLA. Affreux acronyme pour désigner une maladie de vieux : Dégénérescence Maculaire Liée à l'Âge.

Son petit-fils porte le même prénom que lui et il travaille comme éducateur. Mon voisin dit que ce métier lui va comme un gant, car depuis tout petit « il sauve la veuve et l'orphelin ». À l'école maternelle, il se débrouillait toujours pour donner son goûter au camarade qui en était dépourvu. Au collège, il nouait avec les élèves en difficulté une relation de confiance qui les amenait à progresser. Lycéen, il s'était engagé dans une association d'aide aux sans-abri : il participait aux maraudes pour leur apporter de la soupe et les convaincre de passer la nuit au chaud. Particulièrement fier de son petit-fils, le vieux Morand adore ses visites au cours desquelles il lui parle des jeunes qu'il essaye de sortir de l'eau.

La directrice aussi, je l'aime bien. Je l'appelle la Dirlo parce que ça me rappelle mes années d'internat, quand j'étais tout jeunot. Austère et toujours tirée à quatre épingles. Pourtant je jurerais qu'elle aime autant la fantaisie que moi. Elle se dit peut-être que l'habit faisant le moine, elle se doit, pour incarner parfaitement sa fonction, de dégager rigueur et sérieux. Elle a la responsabilité de quatre-vingts petits vieux quand même ! Dont quelques-uns déraillent allègrement. Un jour où elle m'a rendu visite, elle a longuement regardé l'un des deux tableaux que j'ai apportés avec moi. C'était la copie de « Côte escarpée » d'Edgar Degas. Elle n'a pas dit un mot, pourtant je sais qu'elle a vu ce que seule une minorité d'observateurs avertis y découvre. Le corps d'une femme. Fondu dans le décor. Comme si elle avait vécu de près l'expérience d'une dissimulation. J'ai acquis cette certitude lorsqu'elle a quitté précipitamment ma chambre, les yeux emplis de larmes. Bien que rongé par la curiosité, je n'ai jamais osé la questionner.

Ainsi perdu dans mes pensées, je n'ai pas vu la partie de Mikado se terminer. Il ne reste plus de baguettes. Les joueurs se les sont toutes partagées. Ils ne cherchent pas à compter les points. Peu leur importe, l'essentiel se trouve ailleurs.

Sur mon fauteuil, je commence à me déshydrater. J'accepte avec joie la proposition d'un Collongeois de m'apporter à boire. Je demande un grand verre de Coca. Je m'amuse de son air étonné. Après tout, pourquoi les Vieux n'aimeraient-ils pas les sodas ?

La fatigue de cette journée hors norme se manifeste à nouveau. Ce n'est pourtant plus l'heure de ma sieste quotidienne, mais mon rythme habituel est perturbé. Même assis dans mon fauteuil, je me sens glisser dans le sommeil.

PARTIE 2

Quand les vies s'emmêlent,
La vie s'en mêle

19 h 30

17
ROUGE ET ROSE

Je me réveille en sursaut au bruit sec d'objets tombant à plat. Le jeu de Mikado ! Le petit blondinet opéré d'un bec de lièvre à qui il appartient a dû relancer une partie. Pour cela, il a rassemblé les grandes baguettes et les a enfermées dans son poing, avant de les délivrer en ouvrant brusquement la main. Les bâtonnets s'en sont échappés dans un enchevêtrement inédit. Les pièces sont toujours les mêmes, pourtant la combinaison diffère. Par l'habileté des uns, la maladresse des autres, la partie se joue autrement. De nouvelles interactions ont lieu. À cause d'un mouvement maladroit, un vainqueur peut perdre. Grâce à un geste inspiré, un perdant peut gagner.

La mémoire est effacée.

On repart à zéro.

La page est vierge.

À ce stade, tous peuvent réécrire l'histoire.

Une nouvelle partie peut commencer.

Dès que je retrouve mes esprits, je jette un coup d'œil à la pendule. Elle affiche dix-neuf heures trente. En baissant la tête, je suis happé par une tache rose à même le sol. Le temps d'accommoder ma vue, je réalise que ce sont des bottes. Elles ornent les pieds d'une petite rouquine au teint pâle. Au fur et à mesure que je la détaille, je suis tenté de la qualifier de coquine à cause de son regard malicieux associé à son sourire édenté. Adorable, avec sa robe bariolée, son bandeau et ses collants rouges. Elle peut avoir sept ans. Et demi. Parce que les enfants aiment bien les et demi : ça les rapproche de l'année suivante en leur donnant l'illusion de grandir plus vite ! Elle n'a pas trop de chance dans la vie. Enfin elle en a eu jusqu'à ce que ses parents décident de divorcer. Elle, elle est restée avec sa mère. À Colmar. Et elle passe toutes les vacances chez son père. À Nice. Ça aurait pu être bien, parce que ses parents culpabilisent tellement de lui imposer cette vie fragmentée, qu'ils lui donnent tout ce qu'elle veut. Tout et n'importe quoi ! Mais en vrai, c'est même pas marrant. À force, elle n'a plus envie de rien.

Cette année, elle a passé Noël avec sa mère. Puisque l'an dernier, elle était avec son père. Et sa nouvelle femme. Sa mère l'appelle « sa pouf ». Elle, elle préfère l'appeler Géraldine, puisque c'est son nom. Quand elle était petite, elle confondait avec grenadine.

Il y a un an, le père Noël de Papa lui a apporté un chien. Un berger australien avec des yeux vairons. Elle l'a appelé Bretzel. Pour qu'il soit un peu alsacien comme elle. C'était pas terrible comme idée, finalement, parce que, chaque fois elle est hyper triste de le quitter à la fin des vacances. Mais elle ne peut pas trop le dire, parce que normalement le père Noël, il fait toujours plaisir !

D'habitude, sa mère lui réserve un billet d'avion. Elle paye l'aller. Son père, le retour. Fifty-fifty. Comme ça, pas de dispute. Elle voyage « en enfant non accompagné ». Avec une étiquette autour du cou. Comme les paquets. Elle décolle de l'Euroairport de Bâle-Mulhouse. À force, elle connaît toutes les hôtesses. Elles sont trop belles. Même qu'elle est amoureuse de Mattieu. On dit pas un « hôteur de l'air », mais un « stiouard ». Mattieu, il a hyper la classe. En plus il se débrouille toujours pour lui apporter une petite canette de Coca, alors que son billet ne le prévoit pas.

Cette fois, elle ne sait pas pourquoi, ça n'a pas collé. Plus de place dans l'avion. Pas possible non plus de voyager en train, car le prix était beaucoup plus cher au retour qu'à l'aller. Son père en aurait « fait une pendule », a dit sa mère. Elle ne se représente pas trop ce que ça peut donner, son père qui fait une pendule, mais bon… Il était plutôt arrangeant, car il a proposé de rouler la moitié du chemin, pour la récupérer là où sa mère la déposerait, après avoir parcouru l'autre moitié. Donc à Lyon. Mais ce n'était pas possible non plus. Parce que sa mère avait réservé des vacances avec son Jules, à l'île Maurice. Départ sitôt après le déjeuner de Noël. Jules, c'est son beau-père. Elle ne l'aime pas trop parce qu'il parle tout le temps de sa fille. Elle a son âge, mais elle est beaucoup plus parfaite !

Du coup, sa mère a dû trouver une solution. Il y a quinze jours, elle lui a présenté Jennifer. Elle lui a dit que c'était une voisine. Mais Rose sait bien que ce n'est pas vrai. Elle l'a reconnue. En vrai, Jennifer faisait la manche devant le bureau de tabac de leur quartier. Assise sur la deuxième marche, avec une petite coupelle devant elle. La petite avait repéré son regard décidé sous son large front barré de rides, tandis qu'elle tendait la main. Elle s'était même dit que c'était surprenant, cette lueur dans les yeux, pour quelqu'un réduit à mendier. Ses habits aussi l'ont trahie. Ils sont tellement moches ! Ça devrait être interdit de porter des vêtements comme ça. Même quand on est Sans Domicile Fixe. La mendiante est devenue sa baby-sitter. Elle la cherche à l'école puis la garde jusqu'à ce que sa maman rentre du travail. Elle va aussi l'emmener à Nice pour passer les vacances de Noël chez son père. Sa mère lui a prêté sa voiture pour ça.

Pour la peine, Rose a négocié sans trop de difficultés que son petit chat soit du voyage. C'est un chat de gouttière tigré, pas spécialement affectueux, recueilli il y a quelques mois à la faveur d'une gamelle bien remplie.

Jennifer n'est pas méchante, mais elle ne s'y connaît pas trop en enfants. La preuve, elle met des comptines sur le trajet : comme si, à son âge, on écoutait encore

« Frère Jacques » ou « Dans sa maison un grand cerf » ! L'air de rien, la fillette lui dit qu'elle préférerait écouter Soprano, sur son iPhone 10. Celui que sa maman lui a offert hier, pour Noël. Parce que depuis cette année, elle ne croit plus au père Noël…

Rose se doutait que le trajet serait long. Mais elle n'avait pas imaginé qu'elles devraient s'arrêter en cours de route. À cause de la neige. Ça a l'air d'embêter aussi sa « gardienne » parce que, depuis qu'elles ont quitté l'autoroute, elle n'a pas dit un mot. Peut-être qu'elle se demande si à Nice, il y a des foyers d'hébergements pour sans-abri expatriés. À moins qu'elle fasse juste attention à ne pas foncer dans une autre voiture. Déjà que c'est pas la sienne !

Quand elles arrivent sur un parking, on leur adresse des signes pour qu'elles rejoignent un groupe de personnes.

— On fait quoi ? demande la femme à la fillette.

Ben, c'est elle, l'adulte, quand même. Rose, elle se contente de lui obéir. Ça marche comme ça, les rapports entre les grands et les petits. Mais comme la femme a l'air vraiment perdue, la petite détache sa ceinture pour lui montrer qu'elles vont sortir. Sa « gardienne » la suit.

La petite distingue difficilement les personnes devant elle, à cause des flocons qui dansent devant ses yeux. Elle se croirait dans la boule à neige que sa maman lui avait achetée au Marché de Noël de Riquewihr. Sauf que là, pas besoin de la retourner, pour que les grains blancs recouvrent tout.

— Tiens petite, prends vite ces paires pour ta maman et toi. Et filez vous abriter dans la salle des fêtes, lui dit un Monsieur avec une chapka en fourrure.

Elle se retrouve avec des Moon Boots roses et rouges dans les mains. Mais sans sa maman. Qui, en ce moment, bronze sur une plage du paradis. D'entendre le mot « maman » dans la bouche du gentil Monsieur, ça lui donne une boule dans la gorge. Aussi grosse que celle de Riquewihr. Elle n'arrive plus à lutter contre les larmes qu'elle retient depuis leur départ, ce matin. D'un coup, elle éclate en sanglots. C'est pire qu'une colère. Un vrai chagrin qui dévaste tout. Comme si une cocotte minute explosait dans son ventre et que l'eau débordait par ses yeux. Exit la soupape de sécurité ! Et personne pour la consoler. La gardienne qui a vite enfilé les bottes rouges essaye. Mais tellement mal ! Elle la porte, comme si c'était un paquet. Rose pleure tant qu'elle n'arrive pas à chausser ses bottes. Elle est si tendue, que chacun de ses gestes ressemble à ceux d'un robot. Elle paraît si concentrée qu'elle tire la langue. Rouge n'arrive pas à l'aider. Elle aimerait bien, pourtant. Ça se voit à la manière dont elle la regarde. Avec compassion. Ça se voit aussi à ses doigts qu'elle recroqueville dans ses poings, comme si elle les croisait. Pour s'astreindre à ne pas paniquer ?

Entre les flocons et les larmes, la fillette ne voit plus rien du tout maintenant ! Sauf les pieds de la femme qui l'accompagne. Tout rouges dans la neige.

Tout à coup, Rose remarque plein d'autres taches de couleurs sur le tapis blanc autour d'elle. Des grandes,

des petites. Ça lui rappelle les confettis après Carnaval qui se déposent partout dans la maison. Même qu'ils font pester sa maman, parce qu'ils bouchent l'aspirateur ! Comme elle repense à elle, ses sanglots redoublent.

18
BLEU CLAIR ET BLEU MARINE

Je détache mes yeux de ce binôme aux couleurs chaudes pour les poser sur un autre. Des bottes bleu marine gigantesques face à des bleu clair de taille moyenne. Le géant a les cheveux mi-longs.

Quand il arrive dans cette pu*** de salle des fêtes, ses doigts sont congelés. Il faut dire que dans la bagnole pourrie qu'il a réussi à se procurer, le lève-vitre électrique est foutu. Il neige dans l'habitacle depuis plus de deux heures. Alors pour que ses doigts ne tombent pas, il souffle dessus à intervalles réguliers. Au moins, ça lui a évité de parler au môme qu'il a pris en stop, en quittant la prison. Premier rond-point à Lutterbach. Il était là. Avec une casquette Nike bleue sur la tête, tenant un panneau en carton trempé où il avait écrit « le Sud ». Ça n'a pas étonné le prisonnier juste libéré, parce qu'avec sa peau basanée et ses cheveux bouclés, brun foncé, le gosse avait tout l'air de venir du Sud. Il ne sait pas pourquoi il lui a proposé de monter. Peut-être la peur de suffoquer, tout seul dans sa caisse, après ces mois de collectif ? Ou l'envie d'agir bien, pour une fois ? De se racheter une conscience ?

Évidemment, à peine le gosse assis, il regrettait déjà. Parfois, il se filerait des baffes. Heureusement, il ne cause pas beaucoup le petit. Alors il l'observe. Discrétos, l'air de rien. Une quinzaine d'années, à vue de nez. Plutôt frêle. Combien de temps il aurait tenu, sur son rond-point ? Mâchoire serrée et poings fermés. Un air enragé qu'il reconnaît bien. Un gilet jaune sur le dos. Il se demande si c'est pour être vu de loin. Ou par sympathie avec le mouvement de manifestants du même nom. Il en a entendu parler quand il était au frais. De ce qu'il en a compris, il était assez d'accord avec les revendications. Bosser comme un taré pour ne pas arriver à se payer à bouffer. C'est pas une vie. Du coup, lui, il a jamais commencé à taffer ! N'empêche qu'il les a trouvés couillus les gars, sur leurs ronds-points. À bloquer toute la société. Peut-être que s'il ne s'était pas fait serrer, il aurait été des leurs… Ou pas. Il ne le saura jamais.

Il n'est pas trouillard, le môme. Il n'a pas hésité avant de s'installer à côté de lui. Pourtant il n'est pas engageant avec ses cheveux emmêlés et ses muscles obtenus grâce aux séances intensives dans la salle de sport. Ce qui l'a fait tenir ces derniers mois. Avec les parloirs de sa mère.

Maintenant ce blanc, tout autour d'eux, ça l'étouffe. Ça lui rappelle les murs de la prison. Tout neufs. Tout blancs. D'après ses codétenus, la cellule est vachement mieux que la précédente. Celle où ils étaient avant le déménagement. Il les croit sur parole. Il n'a pas d'éléments de comparaison. C'était son premier séjour. En tout cas cette absence de couleurs ça a fini par lui taper sur le système. Dehors, il y avait du vert. Des champs à perte de vue, à travers les barreaux. Pour lui, c'est la couleur de la liberté, le vert. Tandis que le blanc, c'est celle de la réclusion. Pas de bol pour lui, il faut qu'il se retrouve dehors, un jour de grand blanc…

Dans le bled où on les force à s'arrêter, c'est les grandes manœuvres. Les maglights[3] dans la pénombre avec les dossards fluo, ça lui rappelle le matin de son interpel'. Il y a quinze mois. Manquent que les brassards marqués « police ». D'un regard circulaire, il cherche machinalement un endroit pour cacher la poudre. Avant de réaliser qu'il n'en a pas. Et qu'il n'en aura plus jamais. Il l'a promis à sa mère, quand les flics l'ont emmené après avoir trouvé sa cache.

Il étouffe ; ses jambes tremblent. Ça doit être à cause du froid ! Ses yeux bleus se teintent de peur. Pour se donner une contenance, il prend le môme par les épaules devant la voiture. Tétanisé sous sa casquette Nike, celui-ci ne réagit pas. L'improbable duo se dirige vers les gars qui leur font signe. Ils doivent penser qu'ils sont père et fils.

---

[3] Lampes de poche puissantes utilisées par la police.

Ils écoutent les consignes puis récupèrent les pompes. Une grande paire bleu marine pour lui. Une bleu clair pour le mioche. Ça a l'air de lui faire ni chaud, ni froid. C'est con, ça devrait le réchauffer !

Dans les bruits assourdis par la neige, des cris percent leurs tympans. Une gamine hurle. Le géant reconnaît la meuf qui la porte. Enfin c'est surtout son front qu'il reconnaît : haut, avec des petites lignes horizontales. Sans réfléchir, il fonce vers elle. Parce qu'il a passé les derniers mois avec sa photo collée sur le mur de sa piaule. Enfin, il dit piaule pour ne pas dire cellule. Il a eu le temps de les étudier, ces rides d'expression qui lui confèrent une mine à la fois nostalgique et mystérieuse. Sa main au feu que c'est la frangine de son co-détenu. D'ailleurs ça ne lui ferait pas de mal, à sa main, de se réchauffer auprès d'un feu.

— T'as un frère à Lutterb'[4], non ?

Elle le dévisage, les yeux écarquillés. Sourcils relevés. Aussi pâle que le tapis neigeux autour d'eux. Faut dire qu'en quinze mois de cabane, il a oublié les bonnes manières. Enfin, est-ce qu'il les a seulement eues ?

— T'es qui toi ? demande-t-elle d'une voix méfiante

— Lenny. J'connais bien Jonatan. Je viens de le quitter. Y avait ta photo au-dessus de son pieu. Elle est à toi, cette môme ?

— Non. Et toi ?

---

[4] Diminutif de la commune de Lutterbach, où se situe la maison d'arrêt.

— Non plus. On n'a pas des tronches à faire des gosses, il dit, en esquissant un léger sourire. Il n'en a plus eu l'occasion depuis si longtemps que ça lui donne comme une crampe sur le visage.

Elle aussi, elle ébauche un sourire. C'est marrant, elle a l'air propre de loin. Mais quand il se rapproche, c'est une autre chanson. Comme si elle portait un déguisement. Fringues classes, mais pas à sa taille. Cheveux rassemblés en queue de cheval, mais gras. Ongles vernis, mais mal coupés. Elle semble abîmée par la vie… Comme lui. Il continue à la scruter sans discrétion. Il arrive à ses Moon Boots. Rouges. Sans savoir pourquoi, il se dit qu'elles vont bien avec ses bleu marine. D'ailleurs, il les verrait bien fouler ensemble le chemin de la Liberté. Le Vert.

Il n'a pas trop le temps de rêver à ces foutaises romantiques. Parce que le gosse qu'il trimballe est devenu fou. Il lance des paquets de neige sur sa caisse. Il n'y tient pas particulièrement, mais c'est la clé de sa rédemption. Achetée avec le fric patiemment cantiné en taule. De manière légale. Ça a de la valeur ! Mais voilà que ce petit con veut flinguer ses heures de travail. Sans un mot, il le ceinture de ses bras. Le môme ne touche plus le sol, mais ses pieds continuent à courir.

— Eh p'tit ! Il t'arrive quoi ? C'est comme ça qu'tu m'remercies ?

— De quoi faudrait que je te remercie ? De m'avoir emmené dans ce trou paumé ? De pas m'avoir dit un mot pendant trois cents bornes ? J'ai bien eu le temps de regretter ma fugue. De me dire que ça fait rien que mon père pense que je suis qu'un bon à rien. Au quartier, les copains à mon grand frère, c'est eux qu'ont raison. Je vais accepter de faire la nourrice[5] pour eux. Comme ça ils me donneront du fric. Et je montrerai à mon père que je peux gagner ma vie. Me payer une caisse bien mieux que la tienne. Avec le toit ouvrant, des vitres qui remontent. Et un volant chauffant. J'aurais préféré jamais te rencontrer. Peut-être que j'aurais fini par en avoir marre, alors je serais rentré chez moi. Ni vu ni connu. Tout le monde encore au pieu. Je me serais glissé sous mon drap pour me réveiller en même temps que les autres. Et là, je serais pas en train de me les geler. Sans pouvoir appeler personne parce qu'y a même pas de wifi dans ce trou paumé. Avec ces mochetés bleu clair aux pieds !

Les mots de ce gamin dont il ne connaît toujours pas le nom lui font comme des coups de poing dans le ventre. Il glisse sur la mauvaise pente. Lui aussi, il a commencé comme nourrice pour les grands du quartier. Avant de tomber dans la dope. Et devoir trafiquer pour se payer sa dose quotidienne. Il *doit* le lui expliquer. Pour pas qu'il finisse comme lui. Il aurait aimé ça, à son âge. Qu'un grand le prenne par les épaules pour lui ouvrir les yeux en lui racontant sa propre expérience. Pour lui éviter de passer par la case prison.

Réfléchissant à ce qu'il pourrait lui dire, il le lâche et, de surprise, Bleu Clair arrête de gueuler. Puis il file vers la p'tite avec Rouge. Celle qui porte des Boots roses. Peut-être qu'ils se sont reconnus, entre pleurnichards !

---

[5] Rôle de celui qui conserve la drogue, souvent à son domicile.

À peine la petite Rose s'est-elle apaisée que Bleu Clair est interpellé par une gamine de son âge. Jaune.

Bleu Marine l'observe, attendri. Il se revoit au même âge. Les Bad Boys ont toujours leur petit succès !

19
CORAIL, CUIVRÉ, ORANGE, SAUMON

Presque malgré moi, mes yeux reprennent leur balayage à travers la pièce. Je m'arrête désormais sur une intrication de Moon Boots dans les nuances orange. En me concentrant, je dénombre quatre couleurs différentes. Corail. Cuivré. Orange. Et Saumon. Elles semblent intimement liées. Je me demande bien ce que peuvent se dire les personnes à qui elles appartiennent. Parce qu'elles ont toutes un air de famille, je jurerais qu'il s'agit de trois générations de femmes en parenté. Grand-mère aux bottes cuivrées, mère en corail, fille aînée en orange et jumelles cadettes en saumon. Un bien joli nuancier !

Peut-être qu'elles parlent de la tempête. Incroyable cette météo ! Dire qu'elles descendent vers le Sud. La sœur jumelle de Corail lui avait vendu du rêve en lui vantant sa nouvelle vie à Grasse. Un paradis sur terre, lui disait-elle. Douceur quotidienne et température clémente. Tu parles ! Elle avait juste omis de la prévenir que pour gagner son éden, elle devrait traverser un enfer climatique ! Pour l'instant, elle ne voit pas trop la différence avec chez elles. Elle aurait décidé de lui apporter la neige pour qu'elle n'oublie pas ses racines norvégiennes qu'elle ne s'y serait pas prise autrement. Sauf que ce n'était pas du tout ça, les plans de cette petite escapade en famille. Plutôt de venir fêter par surprise le Nouvel An avec sa sœur. Parce que depuis quarante ans qu'elles existent, elles n'ont jamais été séparées pour célébrer la nouvelle année. Ce n'est pas un nouveau boyfriend frenchy ou une expatriation à des milliers de kilomètres qui va changer la donne.

Sur un coup de tête, Corail a embarqué sa mère et ses trois filles dans sa voiture électrique, direction la France. Non sans avoir, au préalable, organisé leur ravitaillement en électricité tous les quatre cents kilomètres. Soit sept escales. Plus une, qu'elle n'avait pas prévue. À Collonges-sous-Salève. Où il n'y a même pas de borne de recharge.

À défaut de refaire le plein d'énergie pendant cette pause, toutes cinq se voient remettre des Moon Boots. En les recevant, la mère remarque que le hasard fait du bon travail en attribuant à sa famille des nuances d'orange. Cela leur apportera la chaleur qui fait défaut dans la météo du moment.

Elle n'avait pas pensé à emporter les leurs, privilégiant plutôt des tenues légères. Dont les maillots de bain. Il paraît que le bain de mer du premier janvier est une tradition pour les gens du coin. Elles ne vont pas rater ça. Les filles sont au taquet. Même sa mère ne semble pas hostile à une petite baignade revigorante pour démarrer en grande forme la nouvelle année.

Mais c'était sans compter la tempête. Les bottes fourrées étaient bien plus pratiques que les nu-pieds pour traverser l'épais tapis de neige les séparant du bâtiment où elles vont patienter le temps de reprendre la route. La mère se voit remettre cinq paires parmi les pointures disponibles. Une paire cuivrée pour la grand-mère. Une orange pour son aînée. Deux paires saumon pour ses jumelles. Une corail pour elle. Ils savent recevoir les Français !

Bien qu'il fasse meilleur à l'intérieur, les filles grelottent. La mère teste leurs capacités de projection, en leur proposant d'imaginer qu'elles sont toutes les cinq dans un bain nordique. Collées les unes aux autres, elles commencent à ressentir les bienfaits de l'eau chaude virtuelle. Elles se détendent progressivement. Corail observe sa fille aînée risquer un regard curieux aux alentours. Puis s'arrêter sur deux adolescents de son âge, en pleine discussion. L'un a des bottes bleu clair assorties à sa casquette, tandis que l'autre porte une paire jaune. La mère encourage Orange à pratiquer le français qu'elle apprend à l'école depuis plusieurs années pour se joindre à leur conversation. Le visage de l'adolescente s'éclaire, laissant apparaître une discrète fossette sur son menton.

À ce moment, la mère aux bottes corail reçoit un message de son père, resté au pays. Appartenant à la garde rapprochée des Monarques, ce sémillant sexagénaire ne peut quitter la Norvège qu'en cas de force majeure. Corail a bien essayé de le convaincre que célébrer la Nouvelle Année sans ses filles, pour la première fois en quarante ans, devrait être considéré comme tel. Mais après mûre réflexion, il a estimé que cela n'était pas mentionné comme tel dans son contrat.

— Dronningen er død[6], a-t-il écrit laconiquement sur le groupe Whatsapp de leur famille.

Comme tous les Norvégiens, Corail savait bien que la santé de la Reine consort déclinait depuis quelque temps. Mais les observateurs les plus avisés de la royauté ne laissaient pas entendre que sa fin était proche. Sinon, elles n'auraient pas laissé leur père affronter ce deuil tout seul. Elles ne seraient pas parties. De plus, pour un tel événement, la jumelle expatriée serait sans aucun doute rentrée au pays. Corail porte le même prénom que sa Majesté. Sa sœur a été nommée comme la première princesse, née la même année qu'elles. Dans cette salle des fêtes de Collonges-sous-Salève, la quadragénaire réalise que sa vie de fervente monarchiste sera à jamais différente. Elle espère de tout cœur que les funérailles seront organisées dans une dizaine de jours, pour qu'elle puisse y assister sans renoncer à voir sa sœur. Après tout, ça s'est passé comme ça pour la Reine Elizabeth II d'Angleterre.

---

[6] « La Reine est morte. »

Corail a eu la chance de rencontrer sa Majesté plusieurs fois en tant que salariée de la Croix Rouge dont la Reine était vice-présidente. Un jour, elle a même pu lui parler de sa passion pour l'art, lui confiant que son peintre préféré était Vincent Van Gogh.

Sitôt averties de ce deuil national, les naufragées norvégiennes suivent sur leurs téléphones portables, en direct, l'onde de choc dans leur pays. Les grands de ce monde présentent leurs condoléances à leur Roi bien aimé. Corail se sent orpheline. La Reine était leur mère à tous.

Certes, elles sont coincées dans ce patelin, mais par la pensée, elles sont parmi les leurs. Partageant le chagrin de leurs concitoyens.

Les filles comprennent bien la gravité de l'événement. Dans un souci de réconfort, elles mêlent leurs jambes à celles de leur mère et grand-mère.

Ce faisant, elles me permettent d'admirer une belle palette d'orange que n'aurait pas reniée Vincent Van Gogh, spécialiste incontesté de cette couleur. Et je me prends à rêver de la période provençale du peintre dont j'ai reproduit quelques œuvres majeures.

20
JAUNE

Une paire de Moon Boots jaune attire mon attention. J'ai la sensation bizarre d'avoir déjà vécu cette scène, mais je chasse cette idée fugace. Les bottes sont portées par une adolescente qui semble morose. D'allure sportive, son visage porte les stigmates d'une acné juvénile virulente. Un sac de sport, siglé d'une marque de voiture allemande, repose à sa droite.

Sûrement que, lorsqu'elle a quitté l'Allemagne ce matin, à l'aube, elle trépignait d'impatience. Ce jour tant attendu est enfin arrivé. Celui où elle allait retrouver ses parents. Après six longs mois sans les avoir vus. Elle comptait encore quelques longues heures de voyage avant de se blottir dans leurs bras. Bien sûr cette expérience est géniale ! Elle a appris mille choses, découvert une nouvelle culture, appréhendé une autre façon de vivre comme d'étudier. Surtout, elle a progressé. Dans son sport. Son art. Sa vie : le football. D'après ses entraîneurs, elle devrait percer. Bientôt. À les entendre, sa vitesse de course, associée à la précision de ses tirs ainsi que la justesse de son analyse du jeu, devrait la propulser vers les sommets. Bien sûr, elle en rêve. Elle a été biberonnée aux buts d'Eugénie Le Sommer, véritable idole de son père. Parce qu'elle est native de Grasse, comme eux. Leurs destins étaient liés, puisqu'elles sont toutes les deux nées un 18 mai. Avec dix-huit ans d'écart. Jaune a vu le jour pile au moment où Eugénie connaissait la gloire. Elle se souvient du moment où la joueuse est devenue championne de France. Elle avait trois ans. Son père hurlait « *on est les champions, on est les champions »,* alors qu'Eugénie jouait pour l'Olympique Lyonnais ! Il n'empêche que cette passion héréditaire l'avait imprégnée, de sorte qu'à son tour, Jaune a commencé à taper dans le ballon. Avec un certain succès. C'est comme ça qu'elle a atterri au collège de Mouan-Sartoux pour suivre une section sport-études foot. Où elle a été repérée par un sélectionneur allemand qui visait le collège de Nice, mais est tombé en panne de voiture, en rase campagne. À Mouan-Sartoux précisément. Faisant les cent pas en attendant la dépanneuse, il est passé devant le stade. Il a vu Jaune en pleine action. Il n'en a pas cru ses yeux ! A couru sur le terrain pour lui dire qu'elle était sa révélation. La pépite qu'il cherchait.

À quoi ça tient, le destin ?

Le sélectionneur a demandé à parler aux parents de Jaune pour les convaincre de l'inscrire dans son incubateur de talents footballistiques à Fribourg-en-Brisgau. Dans la Forêt Noire. Pour Jaune, jusque-là, la Forêt Noire, c'était un gâteau avec de la chantilly et des cerises alcoolisées. Pourtant, ce massif montagneux du sud-ouest de l'Allemagne est devenu l'écrin de sa nouvelle vie. Son père était ravi que les talents de son enfant soient enfin reconnus. Il s'est empressé d'écrire la bonne nouvelle à Eugénie sur tous ses réseaux sociaux. Elle lui a répondu en souhaitant bonne chance à sa fille.

La mère de Jaune était moins enthousiaste. Elle a tout de suite réalisé que Fribourg-en-Brisgau, c'était à 762 kilomètres de la maison. Elles n'allaient pas se voir pendant de longs mois. Sa mère avait raison et elle lui a beaucoup manqué ! Jaune a dû attendre le 26 décembre, parce qu'à l'incub' tous les jeunes espoirs célèbrent traditionnellement Noël ensemble avant de rejoindre leurs familles.

Alors depuis ce matin, elle compte les heures avant de retrouver la douceur du cocon familial. C'est le chauffeur de l'école qui a été chargé de la ramener à ses parents pour les vacances. Il a profité de ce trajet pour emmener sa femme voir la mer afin de fêter dignement leurs vingt ans de mariage.

Dans la voiture, Jaune a vaguement regardé le paysage et beaucoup parlé. En six mois, elle a bien progressé en allemand. Le chauffeur est aussi la nounou des jeunes joueuses. Avec son crâne chauve, sa gentillesse légendaire et son sourire en coin, il vient à bout de tous les coups de blues par sa simple présence. Tout le contraire de son épouse, aussi taciturne qu'il est volubile. Elle n'a pas dit un mot depuis leur départ.

Pendant le trajet, l'adolescente n'a cessé de se demander par quelle alchimie ces deux-là s'étaient plu, tant ils sont différents.

Toute à son impatience, elle n'a pas tout de suite vu que les traits du chauffeur se tendaient ou qu'il ne répondait que par « ja » ou « nein » à ses longs monologues. Elle n'a pas percuté que la neige devenait de plus en plus collante. Que les essuie-glaces ne parvenaient plus à l'évacuer du pare-brise. Que malgré ses yeux plissés, et la fenêtre ouverte, pour tenter de mieux voir, il ne distinguait plus la route. Quand elle a enfin réalisé qu'il y avait un souci, ils étaient à l'arrêt, avec les warnings. Coincés dans une file de voitures, sur la bande d'arrêt d'urgence, dans l'attente de quitter l'autoroute à un rythme d'escargot. Elle a compris qu'elle ne serait pas à la maison ce soir. Elle est dégoûtée, comme disent les jeunes !

Mais le pompon, c'est quand elle a été obligée d'enfiler ces bottes fourrées jaunes, à ses pieds qui ne se sentent jamais si bien que dans des crampons. Le chauffeur n'est pas mieux loti, avec sa paire caca d'oie ! Quant à sa femme, elle hérite de bottes ocre, parfaitement raccords avec son teint terne. Comme à son habitude, elle ne laisse rien paraître en la recevant.

Jaune s'imagine armer la jambe pour tirer un penalty avec ces trucs aux pieds. À tous les coups, la botte s'envolerait avant le ballon ! Elle éclate de rire. Un rire nerveux qui contraste avec le silence cotonneux autour d'elle. Pour s'apaiser, elle met ses écouteurs de musique, puis cherche sur son Smartphone le morceau qui la réconforte dans n'importe quelle situation. Lui redonne la pêche à chaque fois qu'elle flanche. Sa musique doudou : « Waka Waka », l'hymne de la Coupe du Monde de 2010 en Afrique du Sud. Aux premières notes de musique, elle se sent déjà mieux, si bien que, quand la voix de Shakira entonne la chanson, Jaune commence à relativiser cet incident de parcours. Ses traits reprennent leurs habitudes maussades, caractéristiques de l'adolescence.

Tout à coup, un petit garçon aux boucles blondes l'interpelle

— Eh, Jaune, tu joues au Mikado avec nous ?

Elle accepte tout de suite. Ça la change du ballon rond. Mais un jeu reste un jeu. Et Jaune, quand elle joue, c'est pour gagner !

Tandis que j'observe la scène avec curiosité, je songe que j'ai déjà vu cet enfant. Avec ses grandes baguettes de mikados, sa chevelure dorée indisciplinée. Et, surtout, sa petite cicatrice au-dessus de la lèvre supérieure.

21
FUCHSIA ET MAUVE

Dans un mouvement involontaire, mon regard se déplace sur une dame d'allure chétive qui se déplace avec peine, soutenue par une béquille. Elle porte des Moon Boots fuchsia. En dépit de son apparence fragile, elle dégage une impression de force. Je ne saurais dire si c'est dû à son port de tête ou à son regard volontaire bleu-gris. À la différence de nombre de ses compagnons d'infortune, elle semble heureuse d'être là. Je jurerais d'ailleurs qu'elle serait heureuse d'être n'importe où. Malgré l'interdiction de fumer dans la salle des fêtes, Fuchsia conserve l'attitude d'une fumeuse. La main arrondie en permanence, l'écart entre l'index et le majeur destiné à accueillir la cigarette, la commissure des lèvres légèrement tombante, les ongles jaunis. Elle remplace la cigarette par des bouchées de chocolat qu'elle porte à sa bouche dans un geste mécanique. Pourtant, Fuchsia paraît apprécier chaque morceau.

Je songe que, si je consommais la même quantité de pralinés qu'elle, pour sûr, le volume de ma ceinture abdominale s'en ressentirait !

Tenter de hisser la voiture hors de l'ornière où elle avait sombré sur le bord de l'autoroute, a dû l'épuiser. Malgré le froid mordant, elle transpire à grosses gouttes. Bien que plus solide physiquement, sa comparse aux bottes mauves est dans le même état qu'elle. Cette trentenaire mouillée de sueur a les cheveux courts, et en bataille. Les verres de ses lunettes argentées restent embués, stigmate vraisemblable d'un effort intense. Sous l'effet de la chaleur, elle a remonté les manches de son pull, si bien que j'aperçois à l'intérieur de son poignet droit un discret tatouage. Je ne parviens pas à discerner le dessin, mais je suis convaincu de sa haute portée symbolique.

Toutes les deux, avec leurs paires de petits bras, elles n'étaient pas assez costauds. Heureusement que des bénévoles de la Protection civile sont arrivés dans leur camionnette tout équipée pour leur prêter main forte. Mais n'y parvenant pas davantage à cinq qu'à deux, ils les ont convaincues d'abandonner leur Peugeot 208 pour se protéger de la tempête. Ils les ont amenées jusqu'à la salle des fêtes de Collonges-sous-Salève. Comme nous tous, elles ont reçu chacune une paire de Moon-Boots. Fuchsia et Mauve. Elles étaient si soulagées de trouver un abri qu'elles les ont prises, sans poser de questions.

C'est drôle, en recevant sa paire Mauve, la jeune femme m'a donné l'impression de retrouver une vieille connaissance.

Je devine qu'elles ne sont pas prêtes à renoncer à leur voyage pour autant. Aucune sortie de route ne les empêchera d'assister au congrès national des auxiliaires de vie. Il se tient à partir de mardi au Palais du Festival de Cannes. Elles rêvent de fouler le tapis rouge depuis trop longtemps pour abandonner si près du but. Elles, à qui on ne le déroule pas trop, d'habitude, le tapis. Profession invisible, mais pourtant essentielle. La preuve, c'est que pendant la pandémie de Covid-19, elles ont continué à travailler. Pour assurer une présence bienveillante auprès de leurs protégés, particulièrement affectés. Elles ont eu de la chance, elles sont passées toutes les deux entre les gouttes. Pourtant, Fuchsia était une bonne cible pour ce foutu virus : avec ses quarante kilos toute mouillée, son âge un peu avancé et les comorbidités qui l'accompagnent. Elle a appliqué les gestes barrières avec zèle. Utilisé des kilos de masques chirurgicaux. S'est décapé les mains avec des litres de gel hydroalcoolique. A évité tous les gestes physiques de tendresse qui donnent tant d'humanité à son métier. Mais elle est restée présente. Coûte que coûte.

Cette drôle de période a semé les graines de la vocation chez Mauve. Le virus lui a arraché ses deux grands-parents. Elle n'a pas pu les accompagner vers leur dernière demeure. Elle aurait voulu leur dire au revoir. Et surtout merci ! Malgré les larmes, elle aurait accroché un sourire sur son visage. Parce qu'avant tout, elle était heureuse qu'ils aient été présents dans sa vie.

Mauve a éprouvé tant de reconnaissance envers les professionnelles qui les ont accompagnés jusqu'à leur dernier souffle, qu'elle a voulu exercer le même métier. Alors, comme la cantine du collège où elle travaillait depuis une dizaine d'années était fermée, elle a décidé de s'engager dans une formation à distance d'auxiliaire de vie. Elle n'a eu aucun mal à être embauchée sitôt son diplôme obtenu.

Dès son arrivée chez « *Papimami.com* », Fuchsia lui a proposé des chocolats, puis l'a prise sous son aile. Mauve disait qu'elle lui rappelait sa voisine. Une bien gentille dame, morte sans crier gare, alors qu'elle était en pleine forme. Une bête chute en sortant de sa baignoire, paraît-il. Son pauvre mari, tout juste retraité, a décompensé. Elle le voyait de loin, perdu à sa fenêtre. Attendant vainement le retour de sa femme. Il dépérissait à vue d'œil. Mauve avait imaginé que, quand elle serait diplômée, elle lui proposerait ses services. De la compagnie ainsi que de l'aide au quotidien. Il ne le refuserait pas. Mais un jour, en rentrant de stage, elle avait découvert un panneau « à vendre » accroché à la fenêtre. Dans la foulée, elle avait croisé un camion de déménagement. Ça l'avait rendue triste ! Pourtant elle le connaissait peu. Elle ne sait même pas si elle le reconnaîtrait.

22
VERT ET KAKI

Sitôt chaussés de leurs nouvelles bottes, aussi chaudes que réconfortantes, respectivement vertes et kaki, les sexagénaires pénètrent dans la salle des fêtes surchauffée. Sans un regard pour les autres voitures recouvertes de neige, échouées sur le même parking. Le son feutré de leurs pas sur la neige les apaise. Ils ont été éprouvés par la route depuis Colmar. Comme à chaque fois, leur départ en voyage a été source de tension. Stigmates d'un vieux trauma. Quelles affaires emporter ? Lesquelles laisser ? Et s'ils ne rentraient jamais ?

Pour ajouter une couche supplémentaire à leur stress, ils ont eu un appel de leur fille, juste avant de partir. Affolée parce que sa voiture avait disparu sur son lieu de travail. Incroyable, quand on sait qu'il s'agit d'un

EHPAD. De vénérables pensionnaires à première vue inoffensifs et au-dessus de tout soupçon, ont kidnappé la voiture de leur Directrice ! Les premiers résultats de l'enquête de gendarmerie s'orientaient vers cette unique piste. Grâce à un indice incontestable : les seules traces de pas, relevées dans la neige autour de l'emplacement occupé par la petite Polo noire provenaient du bâtiment. Assez grandes, ce qui faisait penser à des chaussures d'homme. Sans marques de béquille ou de déambulateur. Ça réduisait la liste des coupables potentiels.

Ça les a perturbés, cette histoire ! Surtout ça a retardé leur départ, car ils ont dû déposer leur deuxième voiture à l'EHPAD, pour que leur fille puisse rentrer chez elle le soir. Depuis que les conditions météo se sont détériorées, Kaki ronchonne. S'ils n'avaient pas été contraints d'aider leur fille, ils auraient évité les intempéries. Vert le laisse dire. Elle est fataliste. Elle sait que, quoi qu'il se passe dans la vie, il n'y a pas moyen de lutter. Seul le destin décide. Alors, autant ne pas anticiper et s'adapter.

Elle a acquis cette certitude quarante ans auparavant, en découvrant l'histoire de sa belle-sœur, Hannah. C'était la guerre. Hannah avait une dizaine d'années ; elle avait perdu son insouciance, lorsque des soldats allemands étaient venus arrêter ses parents dans le logement qu'ils occupaient au-dessus de leur épicerie casher à Colmar. Pourtant, ils avaient tout fait comme il fallait. Ils avaient cousu bien visiblement l'étoile jaune sur leurs manteaux, acceptant sans se révolter la mention « Juif » sur leur carte d'identité, exigée par les Allemands. Dans un ultime sursaut de prudence, ils avaient caché leur fille unique dans la porte de leur vieille horloge comtoise avant d'ouvrir aux soldats. Ils n'ont jamais eu l'occasion de l'en délivrer. Mais ils avaient espéré de toutes leurs forces, tandis que leur train s'ébranlait vers Auschwitz puis avant d'y être terrassés par les gaz meurtriers que leurs jeunes et gentils voisins seraient venus récupérer l'enfant.

C'est exactement ce qu'il s'est passé : sitôt la rafle terminée dans leur immeuble, Monsieur et Madame Munsch se sont précipités dans l'appartement de la famille du dessus. Ils l'ont méticuleusement fouillé dans l'espoir d'y découvrir la petite Hannah, qu'ils n'avaient pas vue descendre avec ses parents. Ils l'ont trouvée, recroquevillée. Terrorisée. Presque fondue dans la cloison arrière de l'horloge comtoise qui trônait au milieu du salon. Ils l'ont accueillie, élevée et aimée comme leur propre fille. Quelques années plus tard, ils lui ont donné un petit frère, Armand. Devenue avocate, Hannah a continué à nourrir une tendresse sans limite pour Armand. Il a décidé de suivre ses pas pour défendre les opprimés. C'est ainsi qu'il a rencontré sa future femme sur les bancs de la Faculté de droit. S'associant dans un cabinet réputé, tous trois ont entrepris ensemble les démarches pour que le couple Munsch soit déclaré « Juste parmi les Nations ». Ce titre honore des personnes non juives ayant porté secours de manière désintéressée à des Juifs pendant la Seconde Guerre mondiale, prenant ainsi des risques pour leur propre vie. Ils ont fait partie des quarante-deux hommes et trente-six femmes d'Alsace à recevoir cette distinction entre 1965 et 2014.

Armand et sa femme ont élevé leurs enfants dans les valeurs de tolérance et de générosité. Ils leur ont raconté l'héroïque histoire de leurs grands-parents.

Se nourrissant de ce lien si intense avec ses grands-parents, leur fille a choisi de se vouer au bien-être des personnes âgées. Elle a successivement pris la direction de plusieurs maisons de retraite dans le Haut-Rhin.

Tandis qu'elle entend son voisin aux bottes caca d'oie parler allemand au téléphone, Vert réprime un frisson en pensant à la terrible histoire de sa belle-sœur.

23
INSOLITE

Rouge s'énerve. Elle ne comprend pas pourquoi elle ne parvient pas à enfiler ces bottes à cette gosse ?

— Mais aide-moi s'te plaît. Mets-y un peu du tien. Tu pourrais pas plier ton genou ? Pourquoi t'es raide comme un manche ? Je sais bien que le plan de ta mère n'est pas cool. Mais j'y peux rien, moi ! J'pouvais quand même pas refuser le paquet de pognon qu'elle me proposait. L'équivalent de douze mois de manche. Être au chaud dans une bagnole tout confort, ça me change des halls d'entrée que je squatte avec ma couverture et quelques cartons. Tu peux comprendre, ça, la môme, hein ?

Rouge essaie d'apitoyer la p'tiote pour qu'elle arrête de pleurer. Lui montrer que dans le genre situation pourrie, elle obtient largement la palme d'or. Alors oui, elle l'admet, elle ne sait pas y faire avec les gosses. Il faut dire qu'elle n'a pas trop eu l'occasion d'apprendre, non plus. Les petits qu'elle fréquentait au foyer, elle ne les calculait pas trop. Chacun son groupe chacun sa merde !

En tout cas, Rose n'arrête pas de brailler. Rouge pense que si ça continue, elle va la laisser pour se tirer. Se faire défoncer les tympans, ça ne faisait pas partie du contrat avec la mère. D'ailleurs à bien y penser, elle est bizarre cette mère. Confier sa fille, censée être la prunelle de ses yeux, à quelqu'un comme elle. Elle ne transpire pas la fiabilité pourtant. D'habitude, avec son air de chien battu, ses vêtements sales et sa main tendue, elle attire plutôt les paumés que les dames en quête de baby-sitter ! Elle devait vraiment être dans la mouise. À moins qu'elle ne conçoive pas sa fonction de mère de la même manière qu'elle. Mais au fait qu'est-ce qu'une mère ? Elle n'a jamais eu l'occasion d'y réfléchir, mais ce qui lui vient à l'esprit, c'est qu'une mère protège ses enfants. Tout le contraire de la sienne. Trop occupée à vivre sa passion pour la haute montagne avec son inconséquent de mari. Son père. Quitte à les négliger, elle et son frère. Les laissant seuls au domicile pendant plusieurs jours. Certes, elle s'assurait que le frigo était plein avant de partir. Mais un jour, leurs maîtresses ont trouvé bizarre qu'ils ne soient jamais accompagnés par leurs parents pour venir en classe. Ils n'avaient que 6 et 7 ans. Alors elles les ont signalés. Des dames sont venues chez eux. Comme ils avaient bien retenu les consignes parentales, ils n'ont pas ouvert à ces inconnues. Mais ils ont répondu à leurs questions à travers la porte. En expliquant que leurs parents étaient super forts puisqu'ils avaient gravi le Massif du Mont Rose, en Suisse. Même que là, ils étaient en Italie pour s'entraîner sur le Grand Paradis. Qu'ils étaient partis il y a trois jours et rentreraient le surlendemain. Les enfants ont découvert quelques heures plus tard que les dames étaient des assistantes sociales. Elles ont prévenu le Procureur de la République qui a ordonné leur placement le jour même.

Rouge a atterri dans une famille d'accueil avec son frangin. Elle doit bien avouer qu'elle était plutôt soulagée d'être accueillie dans une vraie famille, avec des adultes pour lui parler, lui préparer ses repas ou l'accompagner dans ses devoirs. Mais à peine installés, ils ont appris que leurs parents avaient eu un accident en Italie. Ils avaient « dévissé » sur une face escarpée du Grand Paradis, devenu leur enfer. Ils étaient décédés sur le coup. Pendant des semaines, l'obsession des jeunes orphelins avait été de connaître le dénivelé de leur chute. Les psychologues qui les suivaient depuis le drame avaient considéré que le savoir leur permettrait d'amorcer leur travail de deuil. Mais quand le chiffre leur avait été donné, froid et vertigineux — 301 mètres —, il les avait fait chuter dans un abîme sans fin. Toutes les nuits, dans ses cauchemars, elle voyait sa mère chuter de la tour Eiffel qui mesurait exactement la même hauteur. Son frère et elle allaient si mal que la famille d'accueil n'a pas pu les garder. Ils ont été réorientés dans un foyer. Leurs référents pensaient qu'une structure collective au fonctionnement plus éloigné de la cellule familiale qu'ils venaient de perdre leur permettrait davantage de dépasser leur traumatisme.

Foyer de l'Enfance que ça s'appelait. Elle l'aurait bien renommé, Foyer de la Galère.

Égarée dans ses pensées, elle baisse les yeux sur ses bottes. Rouge sang. Comme la cicatrice qu'elle laisserait sur le cœur de cette môme si elle s'en allait maintenant. Abandonnée de tous. Comme elle. L'arroseur arrosé. L'abandonné, abandonneur.

Subitement son 37 fillette rouge est rejoint par une paire de bottes bleu marine géantes. Pas le temps de s'interroger sur le propriétaire de ces palmes, qu'une voix rocailleuse lui demande si elle n'a pas un frangin à Lutterb'.

Mais c'est qui ce type aux airs de Bad Boy qui connaît son frère ? Dans un réflexe prudent, elle essaye de gagner du temps. Ne pas confirmer. Ni infirmer. Voilà qu'il se présente. Et lui parle de Jo. Ça lui paraît si insolite qu'elle manque de lâcher la gamine. Il faut dire qu'elle pèse une tonne, tendue comme un arc.

Une bonne fréquentation, à ce qu'elle comprend, puisqu'ils se sont connus en taule, avec Jo. Elle aurait dû s'en douter. Elle n'attire que les paumés. Un véritable aimant à gars déglingués. N'empêche qu'il n'est pas mal celui-ci. Il arrive même à lui tirer un sourire en lui demandant si la chialeuse est à elle. Comme elle a repéré qu'il se coltine aussi un morveux, elle lui retourne la même question. Ça a aussi l'air de le faire marrer. En tout cas, c'est comme ça qu'elle comprend sa drôle de grimace. Pour un taulard, il a l'air plus propre qu'elle. Sans un poil sur le menton. Sacrément baraqué. Elle ne se l'avouerait pas pour tout l'or du monde, mais elle pourrait bien craquer pour ce genre de mecs. Tout le contraire de son frangin. Celui-là, la dernière fois qu'elle l'a vu au parloir, il avait encore maigri.

Elle arrête là ses comparaisons mentales entre les deux codétenus, parce que Bleu Marine vient de la planter pour rejoindre le gosse qu'il se trimballe. Il est en train de péter les plombs en balançant tout ce qu'il peut de neige sur la voiture qui les a amenés jusque-là. Ils ne sont pas plus aidés l'un que l'autre avec « leurs » gamins. De vrais boulets ! Mais Bleu Marine a l'air de mieux gérer qu'elle. Calmement, il soulève le môme sous les bras, pour le regarder droit dans les yeux. Elle n'entend pas trop ce qu'ils se disent, mais ça doit être convaincant parce que ça lui coupe le sifflet, au pleurnichard. Quand Bleu Marine repose le gamin par terre, il court vers elle. Puis se plante devant Rose. Qui, de surprise, arrête aussi de pleurer. C'est tout bénef cette affaire !

Du coup les Moon Boots bleu marine reviennent vers Rouge.

— Si Jo savait qu'on se retrouve là tous les deux, chacun encombré d'un gosse qu'on n'sait pas gérer, avec des bottes de cosmonautes aux panards, y serait pété de rire. Viens, on prend un selfie. Je vais lui envoyer sur le téléphone qu'il planque sous le matelas. Ça va lui faire sa soirée !

Comme Rouge ploie sous le poids de la gamine qui n'a toujours pas enfilé ses bottes, Bleu Marine la lui prend délicatement des bras en lui faisant signe de les suivre jusqu'à l'intérieur. Le jeune gars leur emboîte le pas — bleu clair — d'un air résigné.

Sitôt dans la salle des fêtes, les gosses se mettent à causer en chuchotant. Surpris par cette soudaine complicité, il ne reste plus à Bleu Marine et Rouge qu'à faire de même. Tandis qu'elle se détend lentement, Rouge sent son cœur crépiter. Ça lui fait tellement bizarre qu'elle se demande s'il ne va pas se décrocher…

24
REINE DES NEIGES

Vert reconnaît la jeune femme aux bottes rouges. Elle a beau porter des vêtements plus élégants que d'habitude, être bien coiffée, la sexagénaire est certaine qu'il s'agit de la jeune sans-abri de leur quartier colmarien. Elle lui donne régulièrement un billet ou un sandwich, tout en la gratifiant d'un sourire qu'elle espère revigorant. Une intense dignité émane d'elle, malgré sa triste situation. Rouge est si farouche qu'elle ne lui a jamais dit plus qu'un « merci » plein de reconnaissance.

Du coup, Vert s'étonne de la voir en grande discussion avec l'homme costaud aux Moon Boots bleu marine qu'elle ne semble pas connaître. Elle est sûre, aussi, de n'avoir jamais vu la jeune mendiante avec une enfant. Si cette petite aux bottes roses avait été à la rue, pour sûr

Vert serait intervenue ! Aurait déplacé les plus hautes montagnes pour leur trouver un hébergement.

Poussée par la curiosité, Vert s'approche de Rouge. Son mari, trop occupé à suivre l'évolution de la tempête de neige sur l'application Météo France, ne s'aperçoit pas qu'elle s'éloigne.

— Au moins, ici, vous êtes au chaud ! dit Vert pour briser la glace.

Rouge lui adresse un franc sourire en la reconnaissant, tandis que son interlocuteur la regarde d'un air suspicieux.

— Ouais, comme tout le monde ici, répond le propriétaire des bottes bleu marine, peu enclin à se lancer dans une conversation.

Mais il en faut plus pour décourager Vert. La ténacité coule dans ses veines. Elle veut savoir ce que cette jeune SDF est venue faire dans cette galère. A-t-elle pensé au moment de s'installer au volant, à l'instar des paroles de Charles Aznavour, que « *la misère serait moins pénible au soleil* » ? Ou a-t-elle été contrainte à ce déplacement pour fuir les conséquences d'un trafic quelconque ? Orchestré par le grand costaud aux bottes bleu marine ?

Réfléchissant à une manière adroite de poursuivre la conversation sans l'effaroucher, Vert est rejointe par une dame à l'allure chétive, mais à l'air décidé. Elle porte des Moon Boots fuchsia et prend appui sur une béquille.

— Mais qu'elles sont jolies tes bottes roses, mon petit ! On dirait celles de la Reine des Neiges. D'ailleurs, toi aussi, tu lui ressembles, avec ta tresse et ta jolie robe !

Pour avoir récemment vu ce dessin animé avec ses petites-filles, Vert sait que la Reine des Neiges ne porte pas de bottes roses ! Mais, curieuse, elle observe la nouvelle venue nouer le contact.

Tandis qu'un sourire moqueur se dessine sur la bouche de Bleu Clair, la jeune Rose réplique du tac au tac :

— Normal, le scénariste s'est inspiré de moi pour créer son personnage !

Joignant le geste à la parole, elle enfile ses Moon Boots roses d'un air de défi. Puis adresse une moue boudeuse à Fuchsia, comme pour lui signifier qu'ici s'arrête leur conversation.

Dépitée, Fuchsia retourne vers sa comparse aux bottes mauves.

25
DÉFI

— Ça te dirait pas, une partie de Mikado ? Je suis super forte ! À tous les coups je te bats, lance Mauve à Fuchsia, pour lui changer les idées.

Piquée au vif, celle-ci lui répond promptement :

— Oh là, malheureuse, tu ne sais pas que tu t'adresses à la championne de Mikado, toutes générations confondues. Malgré toute mon affection pour toi, celui qui me battra aux mikados n'est pas encore né !

Après un regard attendri vers la petite Rose, Fuchsia rejoint sa collègue, prête à en découdre. Témoins de ce défi lancé, les autres les suivent, curieux d'assister à la joute. Tous s'installent en cercle autour des deux joueuses. J'ai, pour ma part, une vue parfaite sur la table où se déroule la partie. J'allonge mes jambes puis m'enfonce dans mon fauteuil, comme je le ferais devant une émission intéressante à la télé.

Le petit blondinet, propriétaire des baguettes, s'improvise Maître du Jeu. Dans un cérémonial bien huilé, il laisse tomber les quarante et un bâtonnets en éventail devant lui, pour lancer la partie. Chacun retient son souffle pour ne pas fausser le jeu. Bénéfice de l'âge, Fuchsia commence. Sa main ne tremble pas lorsqu'elle appuie avec dextérité sur la première baguette pour effectuer un levier. Elle utilise cette pièce gagnée pour basculer les trois suivantes. Soudain, la machine s'enraye et, alors qu'elle visait une baguette tricolore, sa voisine frémit imperceptiblement.

— Bougé ! s'écrie Mauve, à l'affût du moindre mouvement, avec un large sourire.

À elle de jouer. On perçoit son intense réflexion pour jauger les baguettes prêtes à lui céder. Elle parvient à obtenir six bâtonnets, sans le moindre tressaillement. Le prochain dans sa ligne de mire a une torsade bleue. C'est LE Mikado. La pièce maîtresse. Qui vaut vingt points à elle seule. Assurant à son heureux propriétaire une confortable avance, susceptible de le mener vers la victoire. Mais une infime maladresse conduit la jeune Mauve à heurter la baguette bleu et rouge voisine. Il n'en faut pas plus à Fuchsia pour se remettre en selle. Elle se lèche les babines d'un air gourmand. On dirait une chatte prête à sauter sur sa proie. Au prix d'un effort intense, elle retrouve son calme pour se saisir avec précision de la pièce convoitée par son adversaire. Cette prise relance la partie. Déconcentrée par la promesse de sa victoire, elle commet une erreur qui la contraint à repasser la main à Mauve.

Les pièces restantes sont désormais toutes entremêlées. La jeune femme tente de soulever une nouvelle baguette grâce à la pointe de son Mikado. Mais n'y parvient pas. Le suspense est à son comble. On perçoit la tension entre les joueuses. On se croirait à un tournoi d'échecs où les adversaires rivalisent de stratégies pour remporter la partie.

Ayant pris le temps de réfléchir, Fuchsia change d'angle d'attaque. Elle vise désormais une pièce à l'extérieur de la mêlée. Seule sa pointe la relie aux autres baguettes. En la soulevant délicatement, elle parvient à n'en toucher aucune. Puis se dégage sept autres pièces dans la foulée.

Je suis un peu loin pour en être sûr, mais il me semble voir perler une goutte de sueur sur le front de Mauve. Elle sait qu'à ce stade, elle risque de perdre la partie. Il reste à peine plus de la moitié des baguettes à acquérir. Il lui faut désormais prendre des risques. Utilisant deux de ses bâtonnets, qu'elle place sous les extrémités de celui qu'elle convoite, elle le soulève avec doigté. Et se libère ainsi un passage, lui permettant d'acquérir les dix baguettes suivantes, jusqu'à ce qu'une autre se déplace. Fuchsia doit désormais afficher sa grande maîtrise. Mais elle échoue après la deuxième prise. Mauve reprend la main, ce qui lui permet d'obtenir sans trembler quatre nouvelles baguettes. Il n'en reste désormais plus que cinq. Que Fuchsia remporte avec sérénité, sans laisser à son adversaire l'occasion de rejouer.

Voilà l'heure des comptes. Chacune dénombre ses prises, sous l'œil vigilant du Maître du Jeu. Fuchsia en a obtenu vingt, se faisant battre sur le fil par sa jeune collègue qui possède une baguette supplémentaire. Mais le décompte des points sera-t-il aussi favorable à Mauve ? À voir sa tête à l'issue d'un temps de calcul infini, c'est le cas ! 85 à 78. Malgré son trophée à spirale, Fuchsia cède la victoire à sept points près à Mauve. Vaincue par KO.

En transe, le petit blondinet saisit la main de la gagnante et la soulève avec force. En cet instant, l'ambiance de la salle des fêtes de Collonges-sous-Salève ressemble à celle de la fin d'un match de boxe. Ne manquent que le ring ainsi que la remise de la coupe.

Fuchsia a un air tellement triste que je m'approcherais bien pour la consoler. Seules mes habitudes de gentleman m'en empêchent. Et aussi parce que je ne sais pas vraiment ce que je fais ici…

26
INTERACTIONS

Le temps d'une partie de Mikado, l'énergie a changé. L'atmosphère est devenue électrique. Même Corail et Cuivré ont consenti à lever le nez de leurs Smartphones pour s'éloigner provisoirement du deuil national de leurs compatriotes norvégiens. Quant à Orange et les deux Saumon, elles se sont discrètement rapprochées des joueuses pour observer la partie. Un « Bravo » enthousiaste échappe à Orange pour féliciter une belle prise de Mauve. Elle rougit au clin d'œil de Bleu Clair. Ça n'a pas l'air de plaire à Jaune au vu du regard méchant qu'elle lui lance. L'ado serait-elle jalouse ?

Seuls Bleu Marine et Rouge semblent épargnés par la tension du jeu. Ils sont restés à l'écart et, pareils à des adolescents, semblent flirter amicalement. Je ne saurais dire lequel y prend le plus de plaisir, mais je parierais qu'aucun des deux n'est un habitué de ces jeux de séduction. J'en viens à fantasmer que ces deux jeunes écorchés, guère épargnés par la vie, fassent un bout de chemin ensemble. Que cette salle des fêtes de Collonges-sous-Salève soit leur point de départ vers un avenir plus souriant. Pourquoi pas, qu'ils trouvent l'Amour… Voilà que je deviens fleur bleue… Ça ne déplairait pas à Violaine, mon amoureuse des couleurs ! Mon amoureuse tout court !

Jaune, qui a été sèchement battue par le propriétaire du jeu lors de la partie précédente, a solidairement pris le parti de Fuchsia, qu'elle sent le plus en difficulté. Furieuse après sa défaite, la jeune sportive est sortie pour se calmer. Ce faisant, elle a glissé sur une plaque de verglas formée après le déblaiement de la neige. S'étant retourné la cheville, elle n'a pu regagner la salle en claudiquant que grâce à l'aide de Kaki, sorti récupérer dans sa voiture l'un des nombreux livres qu'il a prévus pour son séjour. Pourvu que cette blessure ne compromette pas la prochaine saison de Jaune ! Toujours généreuse, Fuchsia lui propose sa béquille. Peut-être même cette perte partielle de concentration l'a-t-elle conduite à la défaite ?

Vert continue à surveiller sa protégée aux bottes rouges du coin de l'œil. Elle a le sentiment que bien qu'elle ait désormais un abri, Rouge reste vulnérable. C'est pour ça qu'elle veut s'assurer que Bleu Marine ne l'importune pas. Ce faisant, la sexagénaire aux bottes vertes n'a pas vu Kaki — son mari — s'éloigner. Elle paraît un brin étonnée lorsqu'elle le voit revenir, soutenant Jaune qui boite.

Le suspense de la partie est tel, que bien que j'aie dépassé depuis longtemps l'heure de mon coucher, je ne parviens pas à fermer les yeux. Au diable la fatigue, pour une fois qu'il se passe quelque chose d'intéressant !

Je m'attarde sur Fuchsia. Elle dégage tout à la fois force et fragilité. Son air concentré lui donne un charme fou. Je ne sais dire pourquoi, mais elle m'émeut. Il me semble la connaître. Ou la reconnaître ?

Mauve remonte ses manches, décidée à en découdre. Son air tranquille et sûr d'elle contraste avec les stigmates d'angoisse qui semblent traverser son regard derrière ses lunettes argentées. Elle aussi, je crois l'avoir déjà vue…

27
ANGOISSES

Sitôt la partie de Mikado terminée, la vie reprend son cours. À l'extérieur, la nuit a tout recouvert. Par les fenêtres, les flocons aux abords des lampadaires sont moins épais. Ils virevoltent désormais gracieusement dans les airs, même s'ils finissent inlassablement par s'écraser au sol. Comme si la plume se chargeait de plomb.

Nous dormirons tous sur place. Cette idée m'inquiète. La promiscuité avec ces inconnus… S'il y avait, parmi nous, quelqu'un aux intentions de nuire ? Il se serait fondu dans la foule, enfilant ses Moon Boots avec docilité pour mieux passer inaperçu. Puis, profiterait du sommeil des naufragés, exténués par tant d'émotions, pour les abuser ? Leur volerait ce qu'ils ont de plus précieux ? Ce n'est pas difficile à trouver, c'est ce que chacun a sorti de son véhicule pour l'avoir à ses côtés dans ce moment trouble. Le livre de Kaki. Le sac de sport de Jaune. Le jeu de Mikado du petit blondinet. La béquille de Fuchsia.

Au moins, aux Azalées, je peux m'isoler. Être libre de mes mouvements. Maître de mes pensées. Ici au contraire, je dépends des autres. Ils m'inspirent. Me soufflent mes réflexions. Si j'étais finalement mieux chez moi que n'importe où ailleurs ?

Chez moi… C'est la première fois que je considère ainsi la chambre 127. Ce petit espace que je pensais être la cause de mes malheurs m'apparaît désormais comme mon refuge. Dernier rempart pour me retrouver.

Et moi, qu'ai-je de plus précieux au monde ? Sans nul doute possible, ce sont mes souvenirs. Aucun bien matériel ne me procure le même bonheur intense. Mes souvenirs sont multicolores. Je crois que je les avais oubliés là-bas, aux Azalées. Trop occupé à me lamenter sur mon sort. À regretter ce que j'avais perdu, au lieu de chérir ce que je conservais.

Ma position à l'écart m'oblige vis-à-vis de tous ces gens. Je me sens lié à chacun d'eux. Responsable aussi. Je serai leur veilleur. Le phare dans leur nuit. Il me faut garder la tête froide et l'œil ouvert.

Les bénévoles, qui s'activent pour préparer un en-cas avant la nuit, me tirent de mes pensées sombres. Bouilloires ainsi que fours à micro-ondes apportés à la hâte par les villageois fonctionnent à plein régime pour réchauffer des soupes faites maison ou en sachet lyophilisé, selon les goûts de chacun.

Les bruits de couverts se mêlent aux conversations. J'y retrouve l'ambiance des cantines de musées. Celles où, les mains pleines de couleurs, essuyées à la hâte, je partageais le repas des conservateurs et autres gardiens. Paradoxalement, nous ne parlions jamais d'art à table. Comme si ce sujet ne souffrait pas que l'on s'abaisse à l'évoquer en réalisant un acte aussi prosaïque que se nourrir. Nous avions moins de pudeur à nous raconter. Je connaissais tout des errances de « Grande Galerie », le gardien attitré du département des peintures italiennes du Musée du Louvre. Tiens, je prends conscience de ma manie de désigner les personnes par un attribut qui leur est extérieur ! Peu avant mon départ, « Salle des Caryatides » m'avait apporté des dragées après le baptême de sa petite-fille. Pour la remercier, j'avais reproduit le tableau « le Berceau » de Berthe Morisot, exposé au Musée d'Orsay. La jeune grand-mère en avait pleuré d'émotion ! Partageant avec « Cour Visconti » des problèmes d'asthme résiduel, il n'était pas rare que nous nous dépannions mutuellement d'une bouffée de Ventoline. Tiens d'ailleurs, il a des traits communs avec Caca d'Oie, l'homme qui accompagne Jaune. Grande taille et peu de cheveux sur le caillou. Une bonhomie dans le visage associée à l'œil qui frise dès qu'un sourire affleure sur ses lèvres minces. Me revoilà à l'analyse des propriétaires des Moon-Boots qui m'entourent. Bien ancré dans le moment présent. Depuis que je me suis installé dans ce fauteuil, je ne cesse d'emprunter des passerelles entre hier et aujourd'hui.

À farfouiller ainsi dans mes souvenirs, je vois brusquement apparaître dans ma mémoire une paire de Moon Boots. En tout point identique à celles que je contemple depuis plusieurs heures maintenant. Exposée au Louvre parmi les cent créations iconiques du vingtième siècle. Étrange clin d'œil que m'adresse mon inconscient. Comme un trait d'union entre passé et présent.

Je suis apaisé et repu grâce à la portion de spaghettis bolognaises qu'une mère de famille m'a aimablement apportée. Mes idées noires ont disparu. Plus besoin de garder les yeux ouverts pour veiller sur mon petit monde. Je peux désormais trouver le sommeil avant de décider de la suite à donner à mon aventure.

Au loin, je perçois des chuchotements persistants. Certainement des irréductibles qui ne veulent rien céder au sommeil. Mon cerveau n'a plus assez d'énergie pour imaginer le contenu de leurs conversations. Je réprime une envie de rire en songeant que j'aurais fait un piètre veilleur de nuit !

Je sombre paisiblement.

28

NUIT BLANCHE (À DOUBLE TITRE)

Pourtant, même mes rêves sont peuplés de mes observations. Bien que je dorme, je continue de me voir assis dans ce fauteuil. Dans cette petite salle municipale. Avec des bottes dorées aux pieds et la neige qui n'en finit pas de tomber au-dehors. Je suis comme extérieur à mon propre corps.

Les parties de Mikado, les scènes, les personnages et l'espace-temps se mélangent. Comme si j'avais retourné la boule à neige de la petite aux bottes roses.

En face de moi, l'horloge murale marque 0 h 55. Tiens, je n'avais pas l'impression qu'il était si tard ! Pas étonnant que les yeux de Bleu Clair le piquent.

Au lieu de passer leur soirée en solitaire derrière un écran, se livrant à des discussions virtuelles avec des étrangers, les trois adolescents aux bottes jaunes, orange et bleu clair apprennent à se connaître. Pour de vrai. Enfin, pour ce qui est des soirées sur les écrans, Jaune et Bleu Clair ont compris qu'Orange avait eu des occupations bien moins réjouissantes ces derniers temps. Plutôt à compter les secondes entre deux bombes. C'est dingue, quand ils y pensent. Ils ont le même âge, mais des vies tellement différentes. Ça renvoie Jaune et Bleu Clair à une autre époque. Les histoires de guerre, le garçon les a lues dans des livres. Pas entendues de ses oreilles. Dans sa famille, ils ont été épargnés. Son grand-père racontait à ses enfants les émeutes de Casablanca en 1952 comme s'il y était. Mais en vrai, depuis ses montagnes de l'Atlas, il n'en avait qu'une vue incomplète. Quant à Jaune, elle n'a comme connaissance de la guerre que ce qu'elle a retenu de ses cours d'histoire au collège. Pourtant c'est loin d'être sa matière préférée. Elle a le sentiment d'être privilégiée ; ça ne la met pas trop à l'aise.

Bleu Clair se dit qu'exceptionnellement, ce soir, il n'y a aucun adulte pénible pour lui dire qu'il est temps de dormir. Même Bleu Marine semble bien loin de ça. Tout occupé à draguer la maman de la petite Rose.

Ça se voit comme le nez au milieu de la figure, dirait sa mère.

C'est gros comme une maison, ajouterait son père.

Parce que tous les deux, ils adorent les métaphores de la langue française.

Comme il sait quand même être raisonnable, Bleu Clair rejoint son lit de camp. Ça doit être le signe de la maturité qui arrive. Des signaux lumineux verts indiquant les sorties de secours empêchent l'obscurité. Grâce à leur lueur, il aperçoit les paires de Moon Boots multicolores placées aux pieds des lits de camp. Comme un arc-en-ciel dans la nuit.

Ce n'est pas silencieux, non plus. Il entend des bruits de ronflements. De personnes se retournant sans parvenir à trouver le sommeil. Pas de chance pour lui qui a besoin, depuis tout petit, du noir total comme du silence absolu pour s'endormir. Privilège de l'aîné que de bénéficier du calme pour trouver le sommeil. Ses quatre cadets ont dû s'adapter à son bruit.

Dehors, des gouttes coulent dans un ploc-ploc incessant. Sûrement les gouttières évacuant le trop-plein d'eau.

Bien sûr, Bleu Clair n'arrive pas à dormir. L'excitation de la journée n'y est pas étrangère. Finalement, cette pause forcée lui aura permis de chouettes rencontres. Quelle probabilité pour lui de croiser Rose, Orange ou Jaune dans un autre contexte ? Sans vivre au même endroit ? Avec pour seul point commun, le même âge que les deux adolescentes. La blonde et la brune. Pourtant, il pressent que ces rencontres avec des univers inconnus vont quelque peu influer sur le cours de sa vie. La découverte de l'autisme à travers la petite Rose. La guerre vécue par Orange. La crise d'adolescence de Jaune qui ne flirte pas avec la délinquance. Vert et Fuchsia. Deux femmes paraissant avoir dédié leur vie aux autres. Et en retirent une satisfaction qui les rend lumineuses. Elles ont fait le même choix que Bleu Marine, en fait. Brusquement, il se trouve bête de lui en avoir voulu. De s'en être pris à sa voiture. Heureusement que personne ne le voit parce qu'il est sûrement rouge de honte !

Bleu Clair s'amuse à penser qu'il passe une nuit blanche à double titre. À cause de la neige, tombée en abondance. Puis parce qu'il ne dort pas. Blanche, dans une multitude de couleurs !

Est-ce que ses nouvelles copines dorment, elles ? Se redressant dans son lit, il voit Rose et Rouge, blotties sur le même matelas étroit. Probablement pour éviter une nouvelle crise d'angoisse.

Plus loin, il aperçoit la famille d'Orange. Le cliquetis des aiguilles à tricoter de la grand-mère a cessé. Pas un mouvement suspect de leur côté. Sans doute, malgré la situation inconfortable, leur sommeil est-il plus serein que dans leur cave.

En face, il distingue Jaune et ses parents. Si deux masses semblent immobiles, la troisième — plus petite — s'agite dans son lit. Jaune paraît aussi insomniaque que lui. Elle lui avait confié son intention de profiter du caractère exceptionnel de l'événement pour rester sur son portable toute la nuit. Se soustraire ainsi à l'obligation de le déposer tous les soirs dans la chambre parentale. Elle a tenu parole !

À côté d'eux, dorment Vert et son mari. Leur sommeil est rythmé par des ronflements. De l'un, puis de l'autre. Synchronisés jusque dans leur sommeil. Bleu Clair trouve ça beau ! Sans savoir pourquoi, ça l'émeut.

Plus loin, ayant rapproché leurs deux matelas, Fuchsia et sa fille se sont endormies en se donnant la main. Les lunettes de Mauve, délicatement posées à ses côtés. La fille donne l'impression de veiller sur le sommeil de sa mère. Un juste retournement de situation, se dit Bleu Clair.

Désormais habitué à la pénombre, il laisse son regard errer dans les profondeurs de la pièce. Pour s'arrêter sur mon fauteuil. Avec à ses pieds, mes bottes dorées.

— Tiens, un vieux, se dit-il tout en s'étonnant de ne pas m'avoir repéré plus tôt. Certainement à cause de l'agitation ambiante.

Je suis parfaitement immobile. Pourtant, il jurerait que je ne dors pas. Parce que je scrute chaque détail de l'assemblée, je lui fais un peu peur. Pourtant, je ne suis pas méchant. Juste concentré.

Bleu Clair a un sourire sur les lèvres. À la pensée que passer une nuit blanche parmi tant de Moon Boots colorées serait hors sujet…

PARTIE 3

« Chaque homme doit inventer son chemin. »
— Jean-Paul Sartre

23 h

29
ROUGE ET ROSE

En me réveillant, je suis étonné de l'heure affichée sur le mur d'en face. 23 h. Et non 0 h 55 comme dans mon rêve ! Ainsi donc, mon cerveau s'est joué de moi pendant mon sommeil. Il m'a donné l'illusion que mon rêve était une parfaite continuité de la réalité…

La mémoire est effacée.
On repart à zéro.
La page est vierge.
À ce stade, tous peuvent réécrire l'histoire.
Une nouvelle partie peut commencer.

La plupart des réfugiés ne semblent pas disposés à se coucher. Comme s'ils ne voulaient pas manquer le moment où la neige arrêterait enfin de tomber. Leur laissant enfin entrevoir l'espoir de reprendre la route.

Tandis que je me frotte les yeux, deux petites bottes roses m'interpellent. Elles sont serrées l'une contre l'autre, soigneusement glissées sous le lit de leur propriétaire qui semble dormir paisiblement. À leurs côtés, roulé en boule dans une confortable panière, un petit chat tigré dort paisiblement.

Je me souviens de cette enfant parce que j'avais remarqué qu'elle avait des gestes aussi saccadés qu'un robot. Sur le coup, je n'ai pas cherché à comprendre pourquoi, mais maintenant que je suis reposé, je pense qu'elle voue à ces créatures futuristes une admiration sans limite. Peut-être même nourrit-elle secrètement le rêve d'être des leurs. Et qu'elle s'entraîne pour cela à imiter la raideur de leurs mouvements. Avec ses grosses bottes roses, son regard malicieux ainsi que son sourire troué de dents manquantes, moi je lui accorderait volontiers un laissez-passer pour le monde dont elle rêve. Parce qu'elle donne de sa personne et qu'il faut toujours encourager les bonnes volontés. Avec sa jolie robe à motifs, son bandeau rose dans les cheveux assorti à ses collants, elle ferait un robot beaucoup plus coloré que ses congénères gris ! Même sa petite langue toute rose qui dépasse est adorable.

De taille moyenne, la femme à ses côtés a obtenu des Moon Boots rouges. Je lui trouve mauvaise mine. Et un air négligé. À moins qu'elle ne soit adepte des vestiaires de seconde main. J'ai lu un article sur ces nouveaux consommateurs, en recherche d'une alternative au consumérisme forcené. À la croisée de leurs valeurs d'écologie, de maîtrise du budget et de goût du vintage, ce mode de consommation les conduit à écumer les dépôts-ventes ou les friperies. Au-delà des vêtements de la femme, je suis frappé par le caractère volontaire qui émane de tout son être. Une lueur dans le regard peut-être. À moins que ce ne soit son front haut, sur lequel s'alignent plusieurs rides horizontales. Ça lui donne une mine emplie de mystère comme de nostalgie. Elle porte sur Rose un regard empreint de tendresse et de bienveillance. Tel celui d'une grande sœur aimante. Ou d'une marraine ? Qui voudrait à tout prix la protéger. Du monde des robots peut-être ?

Tout à coup un détail qui m'avait échappé me saute aux yeux. Rouge semble souffrir d'un étrange syndrome : les majeurs de ses deux mains chevauchent en permanence ses index. Comme si elle gardait les doigts croisés… croix de bois, croix de fer, si je mens, je vais en enfer, semblent dire ces quatre originaux. À moins qu'il ne s'agisse là d'une supplication interne. Qu'elle croise les doigts pour parvenir à mener à bien sa mission. Comme s'il s'agissait d'une question de vie ou de mort.

À coup sûr, Rouge emmène la petite admirer l'exposition Robotype », ayant lieu une année sur deux à Nice. Je connais cette manifestation pour avoir souvent vu passer des publicités sur la toile. Je crois me rappeler qu'elle met en scène reconstitutions et reproductions artistiques d'automates ou de machines précurseurs de la robotique, valorisant aussi les plus belles créations d'auteurs de science-fiction. Pour sûr, elle ne devait pas avoir prévu cette escale à Collonges-sous-Salève dans son cadeau !

Peut-être même que la jeune femme qui n'a sûrement pas beaucoup de moyens offre ce cadeau à Rose avec l'aide d'une association réalisant les rêves des enfants malades. J'en ai découvert plusieurs lors de mes flâneries sur le Net. J'ai aimé leur philosophie : profiter de la Vie tant qu'elle est là, imprimer sur le visage de ces enfants si éprouvés le sourire d'un rêve accompli. Mais alors la petite Rose serait condamnée ?

Mes yeux s'emplissent de larmes à cette seule pensée, si bien que je détourne la tête à la recherche d'un nouveau scénario.

30
JAUNE

Au moment de se coucher, la jeune voisine de Rouge et Rose a conservé ses bottes jaunes. Comment peut-elle dormir avec ces encombrantes chaussures ? Je sais que les adolescents ont des lubies peu compréhensibles pour le commun des mortels, mais à ce point !

Il s'agit d'une jeune fille d'une quinzaine d'années, d'allure gracile. Malgré le sommeil, elle a des boules noires enfoncées dans les oreilles. Elle semble bouder. Parce que ses parents auraient tenté de la contraindre à retirer ses bottes pour dormir ? Ou lui ont confisqué son « insu-portable », comme ils désignent son Smartphone auquel elle est toujours collée ? Parce qu'elle a dû se séparer de sa meilleure amie pour partir en vacances avec « ses vieux » ? Ou parce que ce fâcheux contretemps la prive de retrouvailles attendues avec le petit ami qu'elle rejoint tous les ans à la même date ?

Pour la deuxième fois depuis que je me livre à cet enivrant exercice d'imagination, je suis en panne d'idées. Ou plus exactement, j'en ai trop, sans que l'une ne s'impose pour expliquer la participation de Jaune à ce huis clos. Il va me falloir étendre mes hypothèses aux personnes qui l'accompagnent. Un couple de quinquagénaires au fort accent alsacien. Lui arbore une calvitie à l'opposé de ses Moon Boots caca d'oie, tandis qu'elle présente un embonpoint caractéristique des bonnes cuisinières. Elle porte des bottes ocre. Elle feuillette nerveusement une pile de magazines féminins. L'ambiance entre eux semble tendue. L'adolescente leur en aurait-elle fait voir pendant le trajet ? À moins que les aléas climatiques sur le trajet n'aient provoqué une scène de ménage :

— Je t'avais dit qu'on aurait dû différer notre départ. Si tu m'avais écoutée, on serait bien au chaud, chez nous et on ne risquerait pas notre vie à chaque kilomètre. C'est toujours pareil avec toi, tu n'écoutes rien ni personne !

— Et toi, tu me casses les pieds, arrête de te plaindre pour que je puisse me concentrer sur la route. Si je t'écoutais, on ne quitterait jamais notre baraque : trop chaud, trop froid, trop risqué… Mais vivre, c'est dangereux ! Alors peut-être que je vous fais prendre des risques, mais, au moins, je vous fais vivre !

Un partout, balle au centre. Je ne saurais départager les protagonistes de ce conflit. Leurs arguments me paraissent tout autant emplis de bon sens. Plutôt que d'arbitrer une dispute conjugale, je préfère poursuivre mon tour d'observation.

31
ORANGE, CORAIL, CUIVRÉ ET SAUMON

L'intérêt du jeu auquel je me livre depuis mon arrivée à Collonges-sous-Salève, c'est que je suis le seul à en définir les règles. Si une scène cesse de m'inspirer, je passe à une autre, sans le moindre remords. Je quitte ainsi, sans regret, la morosité de Jaune et ses parents pour planter mon regard au milieu d'un enchevêtrement de bottes orangées, abandonnées par leurs propriétaires qui ont rejoint leurs lits de fortune. Les Moon Boots semblent avoir été jetées là à la va-vite. À les voir ainsi, j'éprouve comme un sentiment d'urgence. Je me souviens du groupe de cinq femmes de tous âges qui les portaient avant de dormir. Une intense gravité émanait d'elles. De la plus jeune à la plus âgée, toutes semblaient tendues vers un ailleurs angoissant. Orange est adolescente. L'aînée des enfants. Sans doute voyage-t-elle en famille. Leur chevelure blonde, habilement tressée, me suggère qu'elles sont d'origine slave. L'image de poupées gigognes s'imbriquant les unes dans les autres me surprend en pleine contemplation de cette famille naufragée. À bien y réfléchir, j'ai perçu, dans le regard de l'adolescente, une lueur d'intérêt lorsqu'elle observait la conversation entre deux jeunes de son âge. Bleu Clair et Jaune. Tiens, ce sont les mêmes couleurs qu'un drapeau au cœur de l'actualité. Une fossette illuminait aussi son visage. Tandis que sa grand-mère tricotait et que ses petites sœurs — chaussées de couleur saumon — se disputaient la console de jeux, Orange semblait se livrer à un combat interne. Allait-elle oser quitter son clan chaleureux et sécurisant pour rencontrer ces jeunes de son âge ?

Je crois me rappeler qu'elle a en effet cherché le contact. Plutôt maladroitement. Bousculant involontairement Jaune et Bleu Clair avec qui elle voulait établir un lien. Ça m'a bien amusé d'ailleurs. L'air fâché de Jaune qui se tenait les côtes. La mine affligée d'Orange qui baragouinait sans se faire comprendre. Puis l'intervention de Bleu Clair, tel un héros chevaleresque séparant des belligérantes.

Et, enfin, les explications apportées par Corail pour apaiser la situation. Je ne sais pas ce qu'elle a pu leur dire, mais c'était efficace, car, dès son départ, les trois jeunes se sont rapprochés pour s'échanger un smartphone sur lequel ils écrivaient à tour de rôle.

Ah ces jeunes ! Décidément je ne possède pas les codes pour comprendre leurs modes de communication !

32
FUCHSIA ET MAUVE

Maintenant que je suis parfaitement éveillé, en pleine possession de mes souvenirs des heures précédentes, c'est au tour de Fuchsia et Mauve d'être les objets de mon étude. Bien que d'allures différentes, je les pense liées par une relation forte. Comme si elles avaient vécu ensemble des événements intenses. Peut-être ont-elles échappé à la mort ? Survivantes d'un incendie ? Fuchsia a dû sauter par la fenêtre pour fuir les flammes. Ce doit être à ce moment-là qu'elle s'est abîmé la jambe. C'est sûrement pour ça qu'elle a besoin d'une béquille. Le stress post-traumatique lui a provoqué quelques addictions : manger du chocolat. Et fumer. Comme un pompier. C'est ce que trahissent ses doigts aux ongles jaunis ainsi que la courbure permanente de sa main droite qui ne cesse de porter à sa bouche une cigarette imaginaire. Malgré sa constitution chétive, Fuchsia témoigne d'une force de vie singulière. Celle propre aux survivants. Son regard bleu-gris m'émeut profondément, sans que je sache pourquoi.

Pour éviter de sombrer dans une mélancolie peu productive, je m'efforce d'étudier Mauve, à ses côtés. Il s'agit d'une trentenaire à lunettes. Je perçois, dans sa manière de veiller sur sa compagne, qu'elle lui est redevable. De la vie peut-être ? Pourtant elles sont trop différentes pour être mère et fille. C'est que Fuchsia a sauvé Mauve. Étaient-elles voisines ? Inconnues jusqu'au drame. Cet incendie qui s'est déclenché au deuxième étage de l'immeuble qu'elles occupaient depuis plusieurs années sans avoir jamais échangé plus que les politesses d'usage. Peut-être que Fuchsia, qui avait vu sa voisine rentrer chez elle la veille, n'avait pas hésité, malgré ses suffocations dues aux fumées, à tambouriner à sa porte jusqu'à ce qu'elle lui ouvre. Puis à la pousser par le balcon alors que son appartement brûlait. Tandis que la jeune femme, sidérée, ne pouvait que contempler le brasier se rapprochant dangereusement. Le choc avec le bitume avait-il permis à Mauve de reprendre ses esprits ? Mais avait probablement cassé ses lunettes ! Dès lors, elle a dû prendre soin de sa voisine dont la jambe s'était méchamment fracturée à l'atterrissage. Peut-être que depuis cet événement traumatisant, elles sont devenues inséparables. Indispensables l'une à l'autre. Mauve a dû rendre visite à Fuchsia tous les jours à l'hôpital. Puis au centre de rééducation. À sa sortie, elle lui a proposé de cohabiter dans l'appartement où la Mairie proposait de les reloger.

Stimulée par une multitude de détails faussement insignifiants, mon imagination invente à toute allure la vie de ces femmes.

Si ça se trouve, depuis l'incendie, elles quittent pour la première fois leur nouveau logement. La boule au ventre à l'idée qu'un drame leur fasse à nouveau tout perdre. Tout sauf l'essentiel, puisqu'elles sont ensemble ! Sûrement que cet événement a conduit Mauve à se tatouer un discret yin-yang sur le poignet droit. Symbole de la complémentarité. Du chaud et du froid. Du lien éternel.

33
BLEU CLAIR ET BLEU MARINE

Un homme jeune et charpenté se trouve dans ma ligne de mire. Comme un réflexe pavlovien, mes yeux se baissent pour connaître la couleur de ses bottes. Bleu Marine. Sans aucune gêne, je le scanne de bas en haut. Comme il est immense, ça dure quelques secondes. Ses cheveux blonds touchent ses épaules. Cette chevelure fournie contraste avec l'absence de pilosité sur son visage. Il ressemble à Ken, le mari de Barbie. J'ai connu ces poupées parce que les gardiens du Musée d'Orsay où j'ai travaillé en ramassaient régulièrement dans les salles, à la fermeture. Puis ils les exposaient dans la salle de pause du personnel, en attendant qu'elles soient récupérées par leurs propriétaires. Je m'étais alors étonné de la perfection de ces humains miniatures. Moi qui n'aimais rien tant que reproduire les défauts de personnages peints par d'autres ! Je trouvais que ça leur donnait leur identité. Leur humanité. Si j'avais su alors que plusieurs décennies après, je croiserais un Ken en chair et en os dans une salle des fêtes transformée en refuge pour naufragés de la route aux pieds multicolores !

À la hauteur des pectoraux de Bleu Marine se trouve un ado gringalet. Qui porte un gilet jaune, ainsi que des bottes bleues assorties à sa casquette. Il est aussi brun et mat de peau que son voisin est blond et pâle. En revanche, il paraît beaucoup moins détendu. Avec son air révolté, ses poings fermés, sa mâchoire serrée, il n'a pas l'air ravi d'être là.

Quelle relation peut unir ces êtres a priori si dissemblables. J'exclus d'emblée le lien de parenté. Trop différents physiquement. Peut-être sont-ils, eux aussi, voisins ? Pas totalement inconnus l'un pour l'autre, mais sans grande proximité. Leur attitude réciproque me conduit à cette hypothèse. Chacun semble à la fois rassuré, mais aussi encombré par la présence de l'autre. Ça paraît si étrange que ça me donne envie de creuser. De plus en plus intrigué, je tends l'oreille peu discrètement pour essayer de surprendre leur conversation. Mais la confusion sonore qui m'entoure me rappelle que j'ai retiré mes sonotones dès mon arrivée.

Frustré de ne pas parvenir à établir le scénario ayant mené Bleu Clair et Bleu Marine sur l'Autoroute Blanche, je m'astreins au calme. Et à la méthode.

J'expérimente une nouvelle approche en me visualisant devant mon chevalet de peintre, parmi mes pinceaux et mes couleurs. Que représenterais-je si je devais copier ce que je vois ? Une sorte de Laurel et Hardy. L'un sobre, l'autre coloré. Tous deux traversés par une même inquiétude latente. L'état d'esprit particulier que nécessite le travail de copie a toujours sur moi le même effet magique. Il laisse apparaître la Vérité.

Soudain me vient la révélation. Ces deux-là ont été témoins d'un acte grave et répréhensible. Qui les a obligés à fuir ensemble. Bleu Clair et Bleu Marine ont dû passer au même mauvais moment au même mauvais endroit. Mais ils ont été vus. Plusieurs hypothèses s'offrent à moi. Sans savoir pourquoi, je penche pour un trafic de drogue qu'ils auraient involontairement surpris. Les dealers les auraient pourchassés pour s'assurer de leur silence. Ils seraient parvenus à leur échapper grâce au physique athlétique de Bleu Marine autant qu'à la bonne connaissance du quartier de Bleu Clair. Avant de s'engouffrer dans la voiture de Bleu Marine que celui-ci aurait conduite, longtemps. Sans but précis. Seulement pour laisser le plus de distance possible avec ce qui venait de se passer. Ils n'avaient pas besoin de se parler, mais chaque fois qu'ils y repensaient, leurs cœurs battaient la chamade. Comme s'ils couraient encore pour échapper au danger. Si la météo ne s'en était pas mêlée, ils rouleraient encore vers le Sud.

Rassuré que mon imagination ne m'ait pas trahi, je peux désormais me concentrer sur le dernier couple à ne pas être passé à la moulinette de ma fantaisie.

34
VERT ET KAKI

La sexagénaire souriante qui porte les Moon Boots vertes ressemble à « Salle des Caryatides », ma collègue du Musée d'Orsay, chargée de veiller sur les œuvres de cette pièce. Toutes deux présentent un embonpoint qu'on devine aussi généreux que leur caractère. Des gourmandes de la Vie. Quant à l'homme à ses côtés, chaussé de kaki, il semble passionné par sa lecture. À la faveur d'un de ses mouvements, je parviens à déchiffrer le titre de son livre : « Réussir sa retraite en 10 chapitres ». Ainsi, Kaki commence-t-il sa retraite. J'en aurais des conseils à lui dispenser, moi. Le tout premier serait de prendre bien soin de sa femme. Parce que je sais, par expérience, que ce qui nous paraît acquis peut se révéler bien éphémère. Il suffit de si peu pour que les projets bien établis basculent.

Pour ne pas sombrer dans la tristesse en pensant à la période bénie qu'aurait pu être ma retraite si je l'avais partagée avec ma Violaine, je m'efforce d'imaginer la raison du voyage de Vert et Kaki. Je ne dois pas fournir un gros effort pour les visualiser, préparant une retraite… spirituelle. S'octroyer quelques jours de plénitude. Une parenthèse de calme après l'effervescence d'un Noël en famille. Une pause à l'écart de leur quotidien, pour décider de la suite : dans quel organisme caritatif s'engager ? Pratiquer du sport pour conserver la santé ? Comment se partager entre les petits-enfants et les parents âgés dépendants ? Partir à la découverte d'un ailleurs longtemps fantasmé. Essayer de garder du temps pour soi. Vaste programme que celui d'occuper un temps libre qui manquait pendant la période active.

J'avoue que je les envie ces deux-là. Parce qu'ils échafaudent des projets qui me font défaut. À l'inverse des autres naufragés, ils ne semblent pas stressés par cet arrêt impromptu. Ils ont la sagesse de l'âge et savent que ce qui n'est pas réalisé aujourd'hui le sera demain. J'en déduis que personne ne les attend là où ils se rendent.

35
MOON BOOTS ET MIKADO

Dans un dernier tour de piste, mon regard s'accroche à la femme à l'embonpoint et aux bottes vertes. Elle me paraît aussi chaleureuse et douillette que les Moon Boots qui lui ont été remises. À la fois imposante, enveloppante, douce et confortable. Si je ne l'avais pas nommée Vert, je l'aurais sûrement désignée Moon Boots, du nom des chaussures montantes qui lui ressemblent tant.

À ce moment, le petit garçon blond s'approche d'elle d'un air décidé. Tenant contre lui ses inséparables mikados. Je réalise que je n'ai pas encore baptisé cet enfant dont le rôle a pourtant été crucial depuis notre arrivée ici. Parce qu'il est longiligne et marqué au visage, je décide, comme une évidence et indépendamment de la couleur de ses Moon Boots bicolores, de le désigner du nom de son jeu favori : Mikado.

Je ressens une affection aussi immédiate que inexpliquée pour ces personnes si différentes, mais liées par un événement inopiné auquel ils ont apporté toute leur humanité.

Pour la quatrième fois depuis que je suis assis dans ce fauteuil, mes paupières s'alourdissent. Je laisse le sommeil m'emporter une nouvelle fois.

La mémoire est effacée.
On repart à zéro.
La page est vierge.
À ce stade, tous peuvent réécrire l'histoire.
Une nouvelle partie peut commencer.

PARTIE 4

« La vieillesse est un naufrage. »
— Charles de Gaulle

4 h 42

36
MÉLANGE ET CONFUSIONS

Je rouvre les yeux, j'ai dû m'assoupir. Quelques instants ou plusieurs heures, je n'en sais rien. Cotonneux, je me laisse doucement revenir à la conscience. À en croire les aiguilles phosphorescentes de ma montre, nous sommes au milieu de la nuit. Elles indiquent quatre heures quarante-deux. Ça ne m'étonne pas, car je suis sujet aux insomnies.

À mes pieds, mes bottes dorées finissent par m'ancrer dans une réalité. Grâce à elles, quelques bribes de souvenirs me reviennent. D'autres paires de bottes multicolores se rappellent à moi.

Des personnes de tous âges. Un rhumatisme à la main gauche, aussi. Tiens celui-ci, il ne se manifeste que dans les périodes de grand froid, en principe. Pourtant il fait bon ici, presque chaud.

Mon regard s'habitue à la semi-pénombre. Partout devant moi, des formes allongées sur des lits, tous identiques. Ronflements et bruissements de couvertures arrivent à mes oreilles défaillantes. Même mon nez — pourtant peu sensible — perçoit une odeur âcre de transpiration mêlée aux restes de nourriture. On dirait que tous mes sens s'unissent pour me fournir des indices.

Pourvu que la mémoire me revienne, car la scène serait presque inquiétante. Je pourrais imaginer une prise d'otages. Ou un rassemblement de rescapés de je ne sais quelle catastrophe. Flippant, diraient les jeunes.

Ça y est, je me rappelle. Grâce aux émotions qui me reviennent, je parviens à retisser le fil des événements. Ma fugue des Azalées ce matin. Trop blanc, trop morne. La disparition de Violaine. Trop violent, trop triste. Mes enfants qui ne viennent jamais me voir. Ou trop rarement. Trop loin, trop occupés. Le manque des couleurs qui ont bâti ma vie. Les jours qui se ressemblent tristement. Le temps passé sur mon iPad, offert par mon petit-fils pour qu'on discute sur WhatsApp. L'habitude prise de me balader de longues heures sur la toile.

Il y a un mois, j'ai contribué à une cagnotte en ligne. Pour financer le trajet jusqu'au Canada d'une petite fille malade. Avec sa maman, elle devait quitter Montbéliard pour rejoindre un essai thérapeutique, porteur d'espoir au Québec. La dernière fois que j'ai regardé le montant de la cagnotte, elles étaient en passe de financer leur voyage. Les mots reconnaissants de cette mère si aimante et déterminée m'ont profondément ému.

En me promenant sur la toile, j'ai découvert le blog d'un papa fou de football. Ce passionné du ballon rond, domicilié à Grasse, est si fier de sa fille, jeune étoile montante dans ce sport, qu'il lui consacre une page Internet. Il y raconte la vie de l'adolescente dans un centre de formation en Allemagne, son programme d'entraînement quotidien, les efforts qu'elle doit fournir pour atteindre le haut niveau. Je suis impressionné par cette jeune fille qui, en s'accomplissant, vit le rêve de son père. À force de lire ses aventures, j'ai l'impression de la connaître.

Sur ma tablette, je me suis aussi renseigné sur le suicide assisté, pratiqué par nos voisins suisses. Pas pour moi, parce que, même si ma vie est désormais bien terne, j'y tiens encore, malgré tout ! Mais pour Monsieur Muller. Le pauvre vieux du bout du couloir. Cloué à son lit depuis trois ans, des suites d'un accident vasculaire qui l'a laissé tétraplégique. Et tellement seul ! Encore plus que moi, et c'est pas peu dire. Son drame, c'est que son cerveau, lui, fonctionne toujours. Alors j'ai pris l'habitude de lui tenir compagnie. Tous les après-midi, après notre sieste, je parcours le long couloir blanc qui sépare nos chambres pour m'installer sur le fauteuil à côté de son lit. Au début, il était réticent. Il ne comprenait pas que je m'intéresse à un vieux légume comme lui. Il m'encourageait à participer aux ateliers danses de salon ou belote, organisés en salle commune. Comme s'il ne supportait pas que je me prive volontairement de tout ce qui lui était impossible. Puis il a cessé de lutter. Et m'a demandé mon aide pour réussir sa sortie. Il avait un plan : il voulait être euthanasié. Assisté dans son suicide altruiste. Il voulait que ses biens reviennent à ses deux petits-enfants qu'il savait dans la galère. Deux pauvres gosses, retirés à leurs parents quand ils avaient six/sept ans pour être placés à l'Aide Sociale à l'Enfance. Il ne s'est jamais trop étendu sur le sujet et je n'ai posé aucune question. Mais j'ai compris que leurs parents les délaissaient. Monsieur Muller n'avait jamais connu ses petits-enfants. Veuf depuis longtemps, il avait coupé les ponts avec sa fille unique quand elle s'était mise en couple avec un marginal, renonçant pour cela à ses études de kiné. Mais il les avait suivis de loin. Leur parcours chaotique, le décès brutal de leurs parents dans un tragique accident de haute montagne en Italie. C'est dans ce contexte qu'il avait décidé de rentrer dans leur vie. De leur offrir un avenir, à défaut d'avoir été présent dans leur passé. Mais il ne voulait pas qu'ils se sentent redevables. Alors il avait bien réfléchi : d'abord aménager sa maison pour que chacun ait son indépendance. Puis se renseigner discrètement sur leurs modes de vie, leurs habitudes. La meilleure manière de les aider. Il avait alors appris que le garçon filait du mauvais coton, flirtant avec la délinquance. Quant à la fille, dépourvue de projets, elle risquait de se retrouver à la rue dès sa majorité, après avoir épuisé les bonnes volontés qui tentaient de l'accompagner. C'est alors qu'il s'apprêtait à leur révéler son existence et son projet, qu'il avait été victime d'un accident vasculaire. Le privant de mouvements, mais pas de pensées. Plusieurs années sont passées, sans qu'il ne trouve de solution à son problème : parvenir, depuis le lit où il est désormais cloué, à entrer dans la vie de ses petits-enfants pour leur offrir le confort dont lui-même n'a plus l'utilité. Peu après son arrivée aux Azalées, il a surpris une conversation entre deux aides-soignantes qui refaisaient son lit. Elles débattaient du suicide assisté, autorisé en Suisse depuis de nombreuses années. Ça lui a donné l'idée. Il m'a demandé de l'aider à la réaliser. D'abord en rédigeant un testament, dans lequel il léguait son patrimoine tant matériel que financier à ses petits-enfants. Puis en me renseignant sur les démarches qui lui permettraient de mettre médicalement fin à ses jours. Sur ma tablette, j'ai trouvé les coordonnées de Dignitas, une association d'aide au suicide basée à Bâle. À quelques kilomètres de chez nous. Je suis entré en lien avec une bénévole et je lui ai expliqué la situation de Monsieur Muller. Son désir comme ses raisons d'en finir. L'écoutante a présenté son cas devant une commission qui a accepté de l'aider. Puis avec ses collègues de l'association, elle a monté un scénario rocambolesque pour extraire Monsieur Muller des Azalées afin de le conduire sur le territoire suisse où il pourrait légalement bénéficier de l'aide au suicide.

La date choisie était le 26 décembre 2021.

Pour profiter de l'effervescence des allées et venues dans notre EHPAD, liées aux fêtes de fin d'année.

Moi, je ne voulais pas assister à ça. Ma complicité s'arrêterait là. C'est pour ça que j'ai eu ce coup de folie, ce matin : piquer la voiture de la Dirlo pour prendre la poudre d'escampette ! Éviter les adieux déchirants. Mais pour me rendre où ? Réaliser quoi ? Pas moyen de m'en souvenir. Comme c'est frustrant, cette impression qu'il manque un lien logique entre deux situations !

Pour me détendre, j'effectue ce que je sais faire de mieux : j'observe. Quand j'étais en activité, j'observais pour reproduire. Maintenant, j'observe pour imaginer. Inventer la vie. Qui est. Qui sera. Qui pourrait être. C'est encore plus exaltant. Je suis aux manettes pour créer des univers. Des vies entières. Avec leurs forces comme leurs faiblesses. Leurs aspérités et leurs creux. Bien loin des poupées Barbie aux lignes et aux courbes parfaites !

Dans mon esprit fatigué par une nuit hachée apparaît une couronne. Ou plutôt une tête couronnée. Le visage d'une femme connue. Entourée de toute une cour. La Reine de Norvège. J'ai eu le privilège de la rencontrer lors du vernissage d'une exposition sur Vincent Van Gogh aux Pays-Bas. Nous étions tous deux, les invités d'honneur. Elle, en tant que grande spécialiste de l'artiste. Moi, parce que j'étais alors son copiste officiel. Quelle femme délicieuse que cette souveraine. Quelle classe, quelle culture ! J'ai parlé d'elle pendant des semaines. Au point que ma Violaine, qui me faisait toute confiance, en éprouva une pointe de jalousie. Que je me suis empressé d'éteindre, en lui déclarant qu'elle était la seule Reine de mon cœur ! Tandis que je pense à sa Majesté de Norvège, je ressens comme un étau dans la poitrine. Je n'y prête guère attention et me recentre sur la raison de ma présence dans ce lieu.

Sûrement suis-je venu rejoindre une femme. Je ne me souviens plus bien d'elle, mais elle doit être là. J'essaye de toutes mes forces de me rappeler les scènes ayant précédé mon sommeil. En me concentrant, je crois me souvenir d'une dame à l'air fragile. Cheveux courts, poivre et sel. Sourire exprimant toute la force qui a déserté son corps. Elle me rappelle quelqu'un ; son visage m'est familier. Je suis persuadé maintenant que nous avions rendez-vous tous les deux. Mais pourquoi ?

Tandis que mon regard erre dans la salle, je tressaille en retrouvant les bottes fuchsia. Aux pieds d'un lit sur lequel se repose la frêle femme de mes souvenirs. Sur le lit voisin, une autre silhouette familière. Que je scrute de gauche à droite. Pour m'arrêter à ses bottes mauves. Si c'était elle que j'étais venu retrouver ? Elle aussi, elle me dit vaguement quelque chose. Comme si je l'avais déjà vue. Allez savoir pourquoi, c'est à travers la vitre d'une fenêtre qu'elle me revient en mémoire…

Jusque dans leur sommeil, elles ont l'air proches toutes les deux. Elles pourraient être mère et fille. Ou amies ? Collègues ? Peut-être tout ça à la fois.

37
MIKADO

27/12/2021 à 7 h 35

Il est sept heures trente-cinq. Le jour se lève. La température remonte. Il n'y a plus ni vent ni verglas. La trêve blanche va se terminer. Le moment vient de se séparer. Après avoir partagé des heures aussi intenses que rares. L'espace d'un instant, les vies se sont mêlées. Panachées. Imprégnées les unes des autres. Avant de reprendre leurs cours. Les automobilistes vont pouvoir regagner leur voiture pour terminer le trajet entrepris la veille. La plupart ont des rendez-vous qu'ils ne veulent pas manquer. Quant aux autres, c'est avec eux-mêmes qu'ils ont rendez-vous et là non plus, il ne s'agit pas d'être en retard.

Comme le fredonnait Jeanne Moreau, « Chacun pour soi est reparti, dans l'tourbillon de la vie ». La route continue. Les projets doivent être réalisés. Trop d'enjeux, de retrouvailles, de nouveaux départs, de promesses frémissantes, pour prolonger inutilement la pause.

Les Collongeois s'affairent à ranger ce qu'ils ont apporté hier soir à la hâte pour adoucir notre accueil. Un grand garçonnet blond effectue des allers-retours devant moi. Régulièrement, il laisse tomber un objet. Il me rappelle moi au même âge. Chétif et maladroit. D'un coup, je replonge dans mes souvenirs d'enfance.

Après-guerre, à Colmar. Fils unique de parents épiciers qui mettaient toute leur énergie à apporter du réconfort à leurs clients, éprouvés par l'occupation allemande. De santé fragile, j'étais atteint d'un asthme invalidant qui me privait des activités des enfants de mon âge. J'étais condamné à dessiner dans l'arrière-boutique de mes parents. Quand j'ai eu sept ans, le médecin a conseillé de m'envoyer en Allemagne, dans un sanatorium spécialisé pour le traitement des poumons. À Fribourg-en-Brisgau, aux confins de la Forêt Noire. Pas loin de la maison. J'y séjournais du lundi au vendredi, rentrant chez moi tous les week-ends. J'y ai passé trois années heureuses qui ont nettement amélioré ma santé. Là-bas, j'ai eu la révélation de ma vie. En découvrant des tableaux de maîtres. En effet, des copies de chefs-d'œuvre agrémentaient chacune des pièces du « Sana ». Qui avaient pris le nom des tableaux originaux : il y avait « les Tournesols », « la Joconde », « Guernica »… Dès que je n'étais ni en soins ni en cours, je me postais devant l'un des tableaux pour l'observer longuement. Dans les moindres détails. De retour dans ma chambre, je tentais de le reproduire de mémoire. Jour après jour, essai après essai, je perfectionnais ma technique de copie. Ce faisant, j'acquérais la certitude que je voulais consacrer ma vie à ces œuvres de renom. Cela ne me gênait pas de vivre dans l'ombre des grands peintres. Je ne jouais pas dans la même cour. Avoir le privilège de côtoyer leurs toiles suffisait à mon bonheur.

Une autre découverte date de cette période de ma vie au Sanatorium. Mon goût pour le Coca. J'avais droit à cette boisson sucrée et pétillante à chaque repas de midi. Le médecin du centre, un Américain resté en Allemagne après la libération des camps, était convaincu des bienfaits de cette mixture à base de caféine pour soigner les poumons malades. Il pensait aussi que le sucre contenu dans cette boisson me permettrait de me remplumer. Le Coca m'a accompagné toute ma vie. Sans excès, mais avec une régularité de métronome : j'en consommais un verre à chaque déjeuner, comme d'autres se délectaient d'un ballon de bon vin. J'ignore si cela a contribué à apaiser mon asthme, mais je jurerais que le Coca m'a inspiré tout au long de ma carrière. Ses petites bulles remontant à la surface dans un ordre aléatoire avaient sur moi un effet hypnotique, nécessaire à l'état que je recherchais en m'attelant à la reproduction d'une œuvre.

Chacun, dans mon entourage, savait qu'il ne fallait pas me déranger lorsque je contemplais mon verre. Je me suis souvent amusé de mon addiction à cette boisson, en comparaison à certains illustres peintres dépendants de l'alcool pour obtenir l'énergie créatrice.

Des bras chargés du petit garçon, s'échappe le jeu de Mikado. Le bruit sourd, quand il se répand au sol, me ramène à la réalité de la salle des fêtes.

Les baguettes s'enchevêtrent.

Comme ces naufragés de la route que le destin a emmêlés, l'espace d'une nuit. « Même habitant du même temps », chante Jean-Jacques Goldman. Croisant leurs vies pour quelques heures. Mélangeant leurs passés et leurs avenirs pour un présent partagé. Se racontant avec la sincérité que seule permet une rencontre éphémère. Des histoires, des parcours uniques se sont ancrés dans ces échanges fugaces.

À chaque tour de jeu, les baguettes sont délicatement retirées. Successivement, sans ébranler les autres. Poursuivant leur vie, en toute indépendance.

Les bottes de couleur — seuls éléments stables — chaussées aux pieds d'individus interchangeables ont pris vie dans mes pensées fantasques.

À la différence de ces bâtons inertes, les personnes quittant la salle des fêtes savent qu'elles chériront ce temps suspendu, comme l'unique pièce d'un souvenir commun. D'une rencontre hors norme. Hors temps. Chacun a vécu ici une bulle d'oxygène dans sa propre histoire. Une pause forcée, mais revigorante dans un quotidien filant à toute vitesse. Les paires de Moon Boots multicolores à leurs pieds témoignent qu'il ne s'agissait pas d'une hallucination collective.

Quant à moi, je sais désormais que je suis heureux.

Je peux retourner chambre 127 de l'EHPAD des Azalées. Le blanc de la maison de retraite ne me paraît plus si morne. Les couleurs de ma vie me composent. Je les ai intériorisées.

Je peux retrouver mes tableaux et le calendrier 2021 qui ornent mes murs. C'est Alix Calex, mon ancienne voisine qui me l'a apporté en janvier. Chaque année, son association le « Club des porteurs de X » en édite un.

La page de décembre est illustrée d'un groupe de personnes de tous âges, au milieu d'un paysage enneigé, dans lequel est tracé un grand X. Quand j'ai découvert cette photo, je me suis demandé pourquoi ils portaient tous des bottes d'astronautes.

ÉPILOGUE

« Tu sais pas bien où tu vas
Ni bien comment ni pourquoi
(...)
Des poignées de secondes
Dans cet étrange
monde »

— *Famille,* Jean-Jacques Goldman

Le lecteur averti sait désormais que cette mésaventure n'aurait pu avoir lieu que si certains événements mondiaux s'étaient déroulés différemment.

Si et surtout si, la mémoire défaillante d'un vieil homme n'avait pas joué à cache-cache avec ses souvenirs.

Alors, deux adolescentes aux bottes fourrées jaunes et orange, ne parlant pas la même langue, auraient pu rencontrer un gars de leur âge aux grolles bleu clair assorties à sa casquette. Ils auraient brièvement cohabité avec un couple chaussé de vert et de kaki ainsi que deux générations de femmes aux bottes fuchsia et mauves. Mais aussi avec un grand baraqué aux Moon Boots bleu marine faisant du gringue à une trentenaire aux bottes rouges qui accompagnait une fillette aux petons roses et aux gestes saccadés.

Tous auraient trouvé refuge dans la salle des fêtes municipale de Collonges-sous-Salève aux confins de l'Autoroute Blanche. Pendant quelques heures, ils auraient partagé un huis clos. À l'initiative d'un petit blondinet joueur, ils auraient partagé des parties de Mikado, nouant des liens aussi intenses qu'éphémères.

Quant à moi, naufragé de la même tempête, assis à l'écart sur un confortable fauteuil, les pieds au chaud dans mes bottes dorés, j'aurais observé ce joli monde. Narrateur ventriloque d'une pièce de théâtre muette. Oscillant entre somnolence et lucidité. Confondant réel et imaginaire pour transformer les vies de ces inconnus en combinaisons aussi uniques qu'intenses.

Échappé pour quelques heures d'un EHPAD sans perspective où mes fils expatriés m'ont placé pour se soustraire à leur culpabilité, j'aurais enchevêtré leurs vies. Imaginé leurs interactions. Initié leurs croisements. Provoqué leurs rencontres. Engendré leurs métamorphoses. Tel un coloriste inspiré, j'aurais teinté leurs vies des nuances de leurs Moon Boots. Redessiné leurs destins à l'encre de mes rêveries. Illuminé leurs parcours de mes esquisses virtuelles. Tout droit sorties de mon cerveau de vieux contemplatif farfelu.

Et puis, comme mon esprit parfois troublé rate une marche, je me serais emmêlé les pinceaux. Le vrai, la fiction, le réel, l'imaginaire, les souvenirs se sont mélangés. Les traces des rencontres de toute une vie. Les stigmates de traumatismes, les marques d'événements insignifiants ayant laissé leur empreinte à mon insu. Remontés à la surface, puis lâchés en un tour de main.

Comme les fines baguettes du Mikado. Ce jeu d'adresse très ancien où chaque bâtonnet se pare de combinaisons de couleurs spécifiques. Où le déplacement d'une pièce induit la position des autres. Où un infime mouvement rejaillit sur tout l'ensemble. Et peut conduire à perdre la main. Alors qu'une fulgurance bien menée peut changer le cours de la partie.

Vingt-quatre heures sont passées depuis mon évasion. Mes enfants ont dû être prévenus. Leur père est un fugueur. J'imagine avec délectation le branle-bas de combat à Toronto et à Auckland. À tous les coups, mes fils reprochent à la Dirlo d'avoir été négligente. La pauvre, déjà qu'elle a perdu sa voiture dans l'histoire ! Flo et Nico doivent m'en vouloir de leur en faire voir de toutes les couleurs. Un jour, je leur raconterai que lors de cette escapade, j'ai vu toutes les couleurs… Et que j'ai aimé ça ! Parce que c'est MA vie. En couleurs, depuis mon enfance.

Peut-être que la police est sur le coup pour me retrouver. Que ma photo apparaît sur les réseaux sociaux, sous le gros titre rouge « Disparition Inquiétante ».

Qu'ont-ils pu rédiger comme texte ?

Vieillard perdant la tête s'est enfui de son EHPAD, au volant d'une Polo noire dérobée, immatriculée JS 347 KL. Il n'est pas dangereux, juste dans son monde. Si vous l'apercevez, ne tentez rien tout seul. Prévenez les services de police au plus vite. Ses enfants sont morts d'inquiétude !

Brusquement, ça ne m'amuse plus. Il faut penser à rentrer maintenant. Tandis que tous les naufragés vont repartir vers leur destination, moi, je dois reprendre l'autoroute dans l'autre sens. Refaire le chemin à l'envers. M'en aller retrouver le confort apaisant de ma chambre d'EHPAD. Rassurer mes fils. Leur dire que je les aime. Que je comprends désormais qu'ils ont voulu agir au mieux. Leur demander pardon. Rendre sa voiture à Madame la Directrice. Lui apporter un bouquet de fleurs en dédommagement. Peut-être lui transmettre le bonjour de ses parents.

J'ai emmagasiné un stock d'images multicolores. Elles m'aideront à égayer la blancheur de mes murs. À colorer mon quotidien. Au crépuscule de ma vie, j'ai forcé les portes de mon univers étriqué. J'ai compris que chacune de mes rencontres, de la plus importante à la plus insignifiante, a marqué mon existence. Que chaque événement, même le plus minime, s'est imbriqué dans un ensemble pour me conduire à emprunter mon propre chemin.

Depuis notre arrivée ici, je m'obstine à parler de nous comme des naufragés. Mais s'il y a naufrage, il y a noyade. Or moi, je viens de vivre une résurrection !

Je réalise que ce voyage impulsif comme cette halte impromptue à Collonges-sous-Salève m'ont apporté un cadeau à la valeur inestimable. Des souvenirs remontés à la surface, avant de s'évanouir définitivement. Comme les bulles qui pétillent dans mon gobelet de soda.

— La vie, c'est comme une boîte de chocolats, clamait ma gourmande Violaine.

Aujourd'hui, j'ai envie de compléter :

— Les souvenirs, c'est comme des bulles de Cola : ils partent d'on ne sait quels tréfonds de la mémoire, remontent aléatoirement à la surface, pétillent dans le cœur puis disparaissent en imprimant leur saveur.

Quittant mes Moon Boots dorées, je m'installe au volant de la Polo noire.

« Avec des Si on pourrait mettre Paris en bouteille », dit le proverbe.

Moi, avec des Moon Boots et des mikados, j'ai redessiné les vies à ma manière…

« Et tu prends les bonheurs
Comme grains de raisin
Petits bouts de petits riens » !

— *Famille,* Jean-Jacques Goldman

REMERCIEMENTS

Puisqu'il est de coutume, à la fin d'un roman, de remercier l'ensemble des artisans qui ont contribué à sa réalisation, je voudrais adresser ici ma gratitude à plusieurs personnes essentielles.

Merci à Émile Borne, ce héros fictif qui a rendu légitime ma vieille habitude d'imaginer mille vies aux inconnus sur lesquels mon regard se pose. Par déformation professionnelle peut-être, je suis toujours en train d'élaborer des hypothèses, d'imaginer des destins. Ne me parlez pas de me reposer lors de vacances à la plage, j'en suis incapable : mon oreille est systématiquement attirée par une conversation, mon œil par un détail insignifiant qui lancent mon imagination au triple galop et me privent de tout repos. Je dois avouer humblement qu'il m'est même arrivé de prêter plus d'attention au dialogue de mes voisins de table au restaurant qu'aux propos de mon mari tentant vainement de me raconter sa journée de travail. Qu'il trouve en ces lignes mes excuses et soit fier de m'avoir fourni le terreau fertile dans lequel mon histoire a pris racine !

Merci à vous, chères lectrices (une fois n'est pas coutume, je décide que la majorité féminine qui a lu mon premier roman l'emporte sur la minorité masculine que je remercie néanmoins !). Vous qui non seulement vous êtes enthousiasmées pour « Il n'y a pas que les oignons qui font pleurer », mais aussi m'avez encouragée à poursuivre la folle aventure de l'écriture. J'ai dégusté chacun de vos messages, savouré vos émotions, été touchée que vous vous reconnaissiez dans mes personnages ou leur vécu. J'ai aimé que vous perceviez mon intention, comme vous me l'avez souvent rapporté.

J'ai voulu ce second roman dans la continuité du précédent, bien ancré dans le réel avec des touches de fantaisie. Je me suis amusée à prendre quelques libertés avec l'Histoire. Mettant en scène des rencontres, des destins qui se croisent. Relatant des existences pas toujours linéaires, avec des aspérités aux couleurs de la Vie. J'ai adoré peindre un personnage principal quelque peu dissimulé, fantasque, tendre, bienveillant, qui, au crépuscule de sa vie, émet un bilan positif et reste émerveillé de ce qu'il a pu apprendre d'autrui.

Merci à mes alpha et bêta-lecteurs dont les retours pertinents ont contribué à enrichir mon texte. Merci à mes correctrices de choc qui m'ont notamment permis de le purger d'anarchiques virgules. En me donnant confiance, ils m'ont permis de proposer cette histoire à un plus grand nombre afin qu'elle aboutisse entre vos mains.

Merci à mes précieuses partenaires, aux chroniqueurs, journalistes, libraires mulhousiennes, lectrices, qui ont suffisamment cru en moi pour contribuer au rayonnement de mes petits oignons et faire le lit des Moon Boots !

Mes derniers remerciements vont enfin, évidemment, à la colonne vertébrale de mon quotidien : mes proches que j'ai embarqués avec moi dans cette aventure littéraire. Le talent créatif de mon mari, concepteur une nouvelle fois, de la couverture, les judicieuses suggestions de Maman, la gestion brillante du marketing et des réseaux sociaux de ma sœur, les conseils fiscaux de mon beau-frère et l'ouverture des bouteilles par Papa pour fêter les étapes importantes du parcours, sans oublier bien sûr les encouragements affectueux de mes fistons — qui préféreraient néanmoins que j'écrive des romans avec davantage d'action. Chacun, de sa place et avec ses compétences, a occupé un rôle fondamental dans ce défi que représente l'autoédition. Leurs avis ont été précieux, leur soutien essentiel.

J'aime par-dessus tout que cette aventure soit la nôtre !

TABLE DES CHAPITRES

L'AUTEURE

Clara Renard a 45 ans. Elle est mariée et l'heureuse maman de jumeaux de 13 ans, adoptés à l'étranger, quand ils étaient bébés. Assistante Sociale de formation, elle exerce depuis plus de 20 ans dans un service de protection de l'enfance. L'écriture a toujours fait partie de sa vie, puisqu'elle rédige de nombreux rapports, a tenu un blog sur la rencontre avec ses enfants, puis les premières années de leur vie de famille. Elle écrit aussi comme correspondante de presse locale pour le quotidien de sa région.

Elle s'épanouit dans ces différents types d'écriture, mais leur cadre contraint ne lui permettait pas d'accéder à la petite touche de fantaisie qui transcende le quotidien. Écrire des romans de type « Feel Good », sur des thèmes de rencontres, de destins croisés, de résiliences, est, pour elle, une cour de récréation, devenue passion. Un espace infini de liberté, dont les seules limites sont celles de son imagination. *Moon Boots et Mikados* est son deuxième roman, après *Il n'y a pas que les oignons qui font pleurer*, publié en 2022. Mais, elle en a quelques autres dans ses tiroirs, qui ne demandent, eux aussi, qu'à rencontrer leurs lecteurs...

RETROUVEZ L'AUTEURE SUR

Facebook

Clara Renard romancière :

https://www.facebook.com/ClaraRenardromanciere

Instagram

Les jolies histoires de Clara Renard :

https://www.instagram.com/lesjolieshistoires_clararenard/

Son blog

Les Jolies Histoires by Clara Renard :

https://les-jolies-histoires-by-clara-renard.blog4ever.com/

Ainsi vous découvrirez *Il n'y a pas que les oignons qui font pleurer*, son premier roman paru en 2022, et ses prochains romans en gestation…

Si vous avez aimé ce roman, n'oubliez pas de lui laisser un petit commentaire sympa sur Amazon.

Impression à la demande

Impression : Amazon KDP

ISBN : 978-2-9585783-1-2
Dépôt Légal 2e trimestre 2023

Printed by Amazon Italia Logistica S.r.l.
Torrazza Piemonte (TO), Italy

64922205R00140